KB185699

수운 최제우와 함께하는

중국 탐방기

수운 최제우와 함께하는

중국 탐방기

초판 1쇄 인쇄 · 2024년 10월 23일
초판 1쇄 발행 · 2024년 10월 28일

지은이 · 임금복
펴낸이 · 한봉숙
펴낸곳 · 푸른사상사

주간 · 맹문재 | 편집 · 지순이 | 교정 · 김수란, 노현정 | 마케팅 · 한정규
등록 · 1999년 7월 8일 제2-2876호
주소 · 경기도 파주시 회동길 337-16(서패동 470-6)
대표전화 · 031) 955-9111~2 | 팩시밀리 · 031) 955-9114
이메일 · prun21c@hanmail.net
홈페이지 · http://www.prun21c.com

ⓒ 임금복, 2024

ISBN 979-11-308-2183-2   03910
값 25,000원

● 저자와의 합의에 의해 인지는 생략합니다.
● 이 도서의 전부 또는 일부 내용을 재사용하려면 사전에 저작권자와 푸른사상사의
  서면에 의한 동의를 받아야 합니다.
● 이 도서의 본문 레이아웃 디자인에 대한 권리는 푸른사상사에 있습니다.

수운 최제우와 함께하는

중국 탐방기

임금복

푸른사상
PRUNSASANG

    수운(水雲) 최제우(崔濟愚, 1824~1864) 탄신 200주년인 2024년에 공교롭게 책을 출판하게 되어서 기쁘다. 개인적으로 2014년『그림으로 읽는 수운 최제우 이야기』를 출판한 이후 10년이 되었고, 이 책을 쓸 목적으로 중국에 한국어 파견 강사로 간 지도 10년이 되었다.『그림으로 읽는 수운 최제우 이야기』가 수운이 관련된 유적지를 포함한 국내편 동학 여행기라면, 이번에 준비한 책은 수운의 영적이며 지적인 사유가 포함되었던 중국 인물 탐방이기에 수운 최제우의 중국편 영지적(靈知的) 주유기(周遊記)라고 할 수 있다.『동경대전』과『용담유사』에 나오는 중국 인물 25명을 탐방했기 때문이다.

    중국 학생들은 나에게 보배다. 그들은 나에게 중국에 대한 풍월이란 선물을 많이 던져주었고, 그것은 쌓이고 쌓여 나에게 풍월학(風月學)이 되었다. 시간과 더불어 축적된 중국 관련 풍월학들은 나에게 중국 관련 논문 코드를 던져주었고, 이 코드들은 10여 년의 세월이 지나『수운 최제우와 함께하는 중국 탐방기』를 쓰는 밑거름이 되었다.

중국 관련 풍월학은『동학학보』에 실렸던 『동경대전』에 나타난 중국 인물 연구」, 『『용담유사』에 나타난 중국 인물 연구」, 『『해월신사법설』에 나타난 중국 인물 연구」 등의 논문을 쓸 수 있는 자산을 제공한 셈이 되었다. 그 외에도『한국문예비평연구』에 실렸던 『『춘향전』 사설에 등장하는 중국 여성 연구—〈열녀춘향수절가〉를 중심으로」, 『부천작가』에 실렸던 「경판본 『춘향전』에 등장하는 중국 인물」 등의 논문을 쓰게 하는 촉발제 역할을 했다. 성신여대 한국어학당에서 한국어를 가르친 지 7~8년이 지나면서, 중국 학생들에게 들었던 풍월학이 관점의 변화를 시키게 해, 동학 경전과 『춘향전』에 나타난 중국 인물 코드로 논문을 쓰게 된 것이다.

『그림으로 읽는 수운 최제우 이야기』가 마무리되어갈 즈음, 나에게는 새로운 관념의 코드와 영혼을 일깨울 수 있는 연구 코드가 아무것도 생성되지 못했다. 지금 생각해보면 내면에 잠재된 관념 의식의 대전환기가 필요했던 것이다. 그때 내가 개인적으로 좋아하는 저자들의 책을 읽으면, 그들은 대부분 외국에서 유학을 했거나, 적어도 1년 이상 외국 대학의 교환교수 경험이 있어, 그것을 바탕으로 특별한 안목과 세계관, 방법론으로 책을 저술했다는 공통점을 발견하게 되었다. 그들의 인생과 저작을 보면서, 나는 그 어느 것과도 상관이 없다는 사실을 자각하고, 방학마다 중국에 여행을 가는 것밖에 다른 방법이 없다고 생각하게 되었다. 그때 중국 관련 여행사의 여행 일정들을 많이 찾아보고 검색해보았고, EBS의 〈세계테마기행〉 중 중국편을 보고 또 보고, 또 보고 또 봤다.

수운 최제우와 함께하는 중국 탐방기

내 방에 대형 중국 지도를 붙이고 그 여백에 동학 텍스트에 나오는 중국 인물 사진들을 작게 오려 붙여놓았다. 즉 내 논문에 등장했던 중국 인물들의 사진은 미지의 시간대 앞에 늘 붙어 있었을 뿐이었고, 나는 중국 지도 위에 붙어 있는 중국 인물 사진들을 늘 쳐다보는 것뿐이었다. 삼황오제(三皇五帝), 요순(堯舜), 공자(孔子)와 맹자(孟子), 강태공(姜太公), 주돈이(周敦頤), 왕희지(王羲之), 이백(李白), 도연명(陶淵明), 소동파(蘇東坡), 두목지(杜牧之), 제갈량(諸葛亮), 한무제(漢武帝)와 진시황(秦始皇), 편작(扁鵲)과 사광(師曠), 석숭(石崇) 등등.

그러던 어느 날 성신여대 교양대학의 강선화 교수가 성신여대 한중합작 대학인 하북과기대학(河北科技大學)에 가서 한국어를 가르치자는 제안을 해왔다. 나는 잠시 머뭇거렸다. 왜냐하면 교수들은 파견 기간이 끝나면 다시 모교로 돌아올 수 있지만, 강사로 파견을 가면 돌아와도 강의 자리가 확보되어 있지 않기 때문이다. 한마디로 돌아올 곳이 없다. 나는 그 불안하고 알 수 없는 미래에 모험심과 용기를 가지고 몸을 던져야 했다. 그때 그 시절, 교수도 못 된 나에게 책에 건 인생, 그것이 더 크게 다가왔다. 동학 경전과 『춘향전』에 나오는 중국 인물들을 실제로 답사해보겠다는 결심이 컸기에, 돌아올 자리가 없는 강사 신분이지만 중국 파견 강사로 갈 것을 결정했다.

중국어 한마디 못 하는 내가 중국 생활에 적응하고 혼자 여행을 하기까지 많은 시간을 필요로 했고, 많은 사람의 도움을 받아야만 했다. 하북과기대학 국제처의 중국인 한국어 담당인 진성아 선생님이 초기에 큰 역할을 해주었다. 중국어가 능통한 강선화 교수와 같이 침대차를 이용한 야간 여행을 해본 것도 좋은 경험이었다. 매번 침대차 표를 예매해준 스자좡[石家庄] 세종학당의 한국 유학파 중국인 한국어 담당 장남(張楠) 선생이 가장 큰 역할을 해주었다.

내 논문에 정리된 중국 인물 코드는 여행을 촉발시키는 역할을 해주었다. 그 여행들은 수운 최제우의 영지적인 중국 주유 노정이 되었고, 나는 중국에 와서 동학 텍스트에 등장하는 중국 인물을 탐방하는 동안 수운의 영지적 유적지를 답사한 것이다. 그 결과물들은 환갑 나이가 지난 나에게 큰 선물이 되어주었다.

수운 최제우의 영지적 중국 인물들의 탐방을 통한 중국에 대한 풍월학, 내가 발로 뛴 주유천하 신발학, 중국 인물들의 전지(剪紙), 하북성 석가장 시에서 7년간 생활한 생활학, 그리고 2009년 9월부터 동생 임금희 박사와 AZ카페를 만들어서, 그 안에 써온 일기와 메모, 사진들, 『동경대전』과 『용담유사』에 나타난 중국 인물 연구 논문이 이 책의 주요 뼈대가 되었다.

운이 좋게도, 2022년 다시 성신여대 국제교육원 대우교수가 되어 국내에 복귀하였다. 이제는 돌아와 거울 앞에 선 내 누님같이 생긴 꽃이 아니라, 이제는 다시 중국에 가기 전 생활했던 성북천변 우거로 돌아와, 국제교육원 앞에 홍안은 사라지고, 검은 머리가 파뿌리가 되어 다시 서게 되었다. 중국에서 7년 생활을 마치고 2021년 6월 완전 귀국하였다. 중국 파견과 국내 복귀를 이끌어준 강선화 교수님, 적극 지지해주신 양보경 총장님, 국제교류처의 이형민 처장님과 김일 팀장님께 이 자리를 빌려 감사드린다. 뿐만 아니라 7년 동안 안전하게 하북과기대학과 스자좡 세종학당에서 한국어를 가르칠 수 있게 협조해주신 하북과기대학의 서영찬(徐永贊) 부총장님, 안취영(顏翠英) 국제처장님, 이석군(李石君) 국제교육원 부원장님, 손량(孫亮) 국제교육원 부원장님과 모든 구성원에게 감사드린다. 한국의 무형문화유산에 해당되는 중국의 비물질문화유산인 전지(剪紙)를 1년 동안 가르쳐주신 전승자 조성룡(趙成龍) 선생님께도 감사드린다. 이 책의 중국 관련 인물들의 전지는 모두 필자의 졸작임을 밝힌다.

뿐만 아니라, 성신여대 국제교육원에 물심양면으로 지원을 아끼지 않는 이성근 총장님을 비롯해, 이형민 국제교류원장님, 구두회 부원장님, 조윤정 팀장님 등 모든 국제교육원 구성원들께 이 자리를 빌려 감사를 드린다. 판매가 잘 되지 않는 책들을 늘 흔쾌히 출판해주시는 푸른사상사의 한봉숙 대표님께도 감사의 말씀을 올린다.

2024년 10월
성북천변 우거에서 임금복 씀

일러두기

■ 중국 인터넷 검색 사이트 바이두에서 한 명의 중국 인물 관련 여행지를 검색하면, 여기저기, 관련된 여러 곳이 나온다. 삼황오제, 요순, 공자와 맹자, 강태공, 주돈이, 왕희지, 이백, 도연명, 소동파, 두목지, 제갈량, 편작과 사광, 석숭 등과 관련된 장소도 북경, 하북성, 하남성, 산서성, 섬서성, 호북성, 안휘성, 강서성, 사천성, 광동성, 산동성, 호남성 등 다양하게 분포되어 있는데, 필자는 스스로 여행이 가능한 곳을 중심으로 여정을 잡았으며 때로는 두세 곳을 가기도 했다.

■ 공자의 제자 72현의 이름은 다음과 같다. 자장(子張, 전손사), 계차(季次, 공석애), 자석(子晳, 증점), 자고(子羔, 고시), 자유(子有, 유약), 자기(子旗, 무마시), 자문(子文, 칠조도부), 자수(子秀, 상택), 자지(子之, 진비), 자상(子上, 공서점), 자건(子騫, 민손), 백우(伯牛, 염경), 중궁(仲弓, 염옹), 자유(子有, 염구), 자공(子貢, 단목사), 자아(子我, 재여), 자유(子游, 언언), 자여(子輿, 증삼), 자우(子羽, 담대멸명), 자사(子思, 원헌), 자천(子賤, 복부제), 사(思, 연급), 자장(子長, 공야장), 자용(子容, 남궁괄), 자기(子祺, 영기), 자로(子路, 중유), 자석(子析, 백건), 자로(子魯, 염유), 자하(子夏, 복상), 자순(子循, 조휼), 자연(子淵, 안회), 자도(子徒, 정국), 로(路, 안무요), 자기(子期, 숙중회), 자목(子木, 상구), 자개(子開, 칠조개), 자주(子周, 공백료), 자우(子牛, 사마경), 자지(子

수운 최제우와 함께하는 중국 탐방기

遲, 번수), 자화(子華, 공서적), 숙어(叔魚, 양전), 자류(子柳, 안행), 자석(子晢, 해용점), 자산(子産, 염계), 자석(子石, 공손룡), 자항(子恒, 시지상), 자지(子之, 공조구자), 자남(子南, 진조), 자렴(子斂, 칠조치), 자교(子驕, 안고), 자도(子徒, 양사적), 자명(子明, 석작촉), 자선(子選, 임부제), 자리(子里, 후처), 자개(子開, 진염), 자비(子조, 진상), 자석(子晢, 적흑), 자렴(子斂, 규손), 자멸(子蔑, 공충), 백옥(伯玉, 거애), 자개(子開, 금뢰), 자구(子丘, 임방), 자항(子亢, 진항), 자속(子續, 신정), 자주(子周, 신당), 숙(叔, 안지복), 자기(子祺, 현성), 행(行, 좌인영), 자성(子聲, 안쾌), 자거(子車, 보숙승), 자성(子聲, 악해), 용(庸, 염결).

■ 2016년 6월 하북성 형대시 내구현 편작묘를 구경하다가, 정원에 조성된 부조 벽에 중국 명의들이 새겨져 있었고, 그것을 계기로 고대 중국의 많은 명의에 대해 우연히 알게 되었다. 그 이후 10대 명의에 관심이 생겼다. 10대 명의는 편작, 화타(華佗), 장중경(張仲景), 이시진(李時珍), 손사막(孫思邈), 황보밀(皇甫謐), 갈홍(葛洪), 엽천사(葉天士), 주단계(朱丹溪), 전을(錢乙)이다. 이들 중 동학 경전 인물 유적지가 같이 있는 지역은 10대 명의 유적지와 묶어서 여행을 다니게 되었다. 1차로 중국 10대 명의 탐방기가 끝나고 2차로 동학 경전의 중국 인물 탐방기가 시작되면서, 『춘향전』에 나오는 중국 인물 유적지가 겹치는 경우에도 같이 묶어서 여행을 다녔다.

■ 중국의 기차역은 한국과 달리 역(驛)이라고 하지 않고 참(站)이라고 한다. 석가장시의 석가장 기차역은 한자로 석가장참(石家庄站)으로 쓴다. 그러나 이 책에서는 독자들에게 익숙하게 한글로는 석가장역, 한자로는 석가장참(石家庄站)으로 쓰고, 중국어 발음을 아는 경우 자연스럽게 혼용되어 있음을 밝힌다. 병음식으로 알게 된 것은 병음식으로, 모르는 것은 한자식으로 읽음을 밝힌다. 그리고 하북과기대학이 있는 도시인 석가장시에서 이용할 수 있는 두 기차역 석가장역과 석가장북역이, 거의 모든 여행지의 출발지이고 복귀하는 곳임을 밝힌다.

- 중국에서 7년간(2014.9.15~2021.6.30) 지냈던 생활의 현장에서 처음 접하는 것들이 많았다. 그 모든 것을 배워 익힌 방법을 금자학법(今子學法) 36학이라 명명하게 되었다. 내 이름 금복(今福)에서 금(今), 손자병법의 손자(孫子) 등에서 자(子)를 취해 왔다. 60세에 생각했기에 60개를 기획했지만, 36개만 금자학법으로 추가시켰다. 금자학법은 거리에서 배운 비공식적인 학법이다.

1 벽화 학법	2 흉상 학법	3 조소상 학법
4 기둥 학법	5 벽 학법	6 좁은 여백 활용 학법
7 회랑 학법	8 부채 학법	9 군왕 학법
10 지역 명인 부각 학법	11 캠퍼스 문장 학법	12 편액 학법
13 당시 학법	14 고수(수목) 명패 학법	15 명화 학법
16 책갈피 학법	17 전지 학법	18 24효 학법
19 도로 바닥 학법	20 버스 문장 학법	21 죽간 학법
22 기차역 학법	23 포커 학법	24 공자 문화 학법
25 달력 학법	26 처마 주변 학법	27 화장실 학법
28 같은 부류 인물군 집합 학법	29 10대 명의 학법	30 교문 학법
31 탁본 학법	32 자 학법	33 왕희지 학법
34 다리 난간 학법	35 일상용품 학법	36 청명상하도 학법

책머리에 5

일러두기 10

수운 최제우가 만난 신화적 인물들

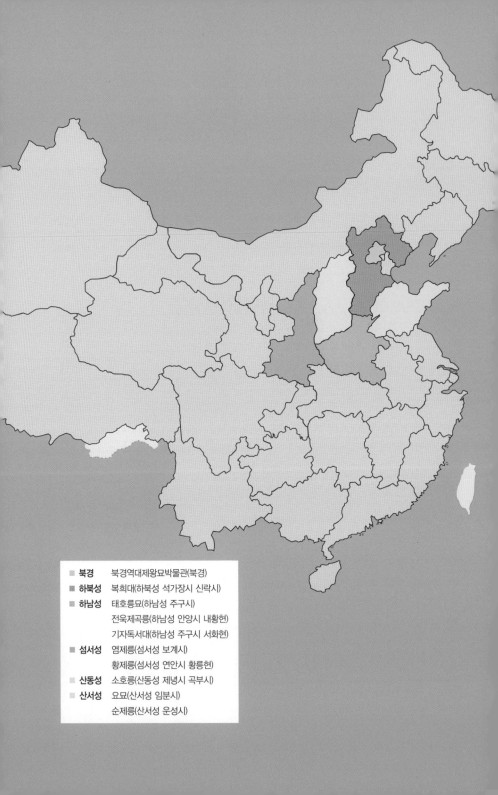

■ **북경**   북경역대제왕묘박물관(북경)
■ **하북성**   복희대(하북성 석가장시 신락시)
■ **하남성**   태호릉묘(하남성 주구시)
               전욱제곡릉(하남성 안양시 내황현)
               기자독서대(하남성 주구시 서화현)
■ **섬서성**   염제릉(섬서성 보계시)
               황제릉(섬서성 연안시 황릉현)
■ **산동성**   소호릉(산동성 제녕시 곡부시)
■ **산서성**   요묘(산서성 임분시)
               순제릉(산서성 운성시)

신화적 인물들

천황씨

지황씨

인황씨

태호 복희씨

황제 헌원씨

염제 신농씨

고양 전욱씨

소호 금천씨

요 임금

순 임금

기자

항아

삼황오제三皇五帝 성현聖賢들도 경천순천敬天順天 아닐런가
효박淆薄한 이 세상에 불고천명不顧天命 하단 말가
『용담유사』 중 「권학가」에서

대답하시기를 "한울님은 선악을 가리지 않기 때문이니라."
묻기를 "해도 없고 덕도 없습니까."
대답하시기를 "요순의 세상에는 백성이 다 요순같이 되었고
이 세상 운수는 세상과 같이 돌아가는지라
해가 되고 덕이 되는 것은 한울님께 있는 것이요
나에게 있지 아니하니라."
『동경대전』 중 「논학문」에서

기자 때 왕도王都로서 일천년一千年 아닐런가
동도東都는 고국故國이요 한양漢陽은 신부神府로다
『용담유사』 중 「용담가」에서

야수속아번복태也羞俗娥翻覆態 일생고명광한전一生高明廣漢殿
(항아가 세속에서의 번복한 꼴을 부끄럽게 여겨, 한평생 광한전에 높게 밝았노라)
『동경대전』 중 「영소」에서

중국 고대의 전설적 제왕들

목적지 북경역대제왕묘박물관

경로　하북성 석가장 하북과기대학 → 석가장역에서 고속철도로 북경서역 이동 → 지하철로 남
　　　라고항역 이동 → 1박 후, 남라고항역에서 지하철 이용하여 차공장역에서 환승, 부성문역
　　　하차 → 걸어서 노신박물관 이동 및 관람 → 걸어서 북경역대제왕묘박물관 이동 및 관람
　　　→ 부성문역에서 북경서역 이동 → 고속철도로 석가장역 이동 → 귀가

일시　2015년 7월 9일~10일(1박 2일)

　2014년 9월 15일은 한국어 강사로 파견되어서는 중국 땅을 처음 밟는
날이었다. 물론 1997년 8월, 9박 10일 동안 연길, 백두산, 북경, 서안, 계
림, 상해 등을 여행해보긴 했지만.

　하북성 석가장시의 하북과기대에서 한국어를 가르치기 시작한 지 한 달
이 지나 비자도 나오고 교통카드도 만들었다. 혼자서 시내버스를 탈 줄 알
게 되면서, 석가장 시내의 여기저기 박물관, 도서관, 미술관, 기차역, 공
항, 서점 등을 돌아다녔다. 해가 바뀌어 2015년이 되니, 석가장시를 벗어
나고 싶은 욕구가 강해지고 비교적 가까운 북경이 궁금해지기 시작했다.

　북경은 하북성의 성도(省都) 석가장에서 고속철도로 1시간 40분 떨어진
북쪽에 있다. 한 달에 한 번씩 북경을 탐방하자는 목표를 세우고, 2015년
1월에 만리장성, 2월에 유리창 거리, 3월에 옹화궁, 공묘(孔廟)와 국자감, 4
월에 원명원, 5월에 남라고항(南鑼鼓巷) 등을 개인적으로 소개받은 가이드
나 성신여대 한국어학당의 옛 제자 왕영과 같이 다니면서, 북경의 여행길
을 익혀나갔다. 1월과 2월 두 번의 북경 여행이 연습이 되어, 3월부터 혼
자 다니기 시작해서, 5월에는 남라고항을 혼자서 갔다 왔다.

초록 밀밭이 어느새 옥수수밭으로

한국인 선생들과 같이 남라고항으로 여행을 떠났다. 7시 25분 석가장역에서 출발하는 북경행 고속철도를 탔다. 달리는 열차에서 철로 주변을 바라보니, 5월에 봤던 초록색 밀밭은 이미 다 변해버렸다. 2015년 1월부터 매달 한 번씩 북경에 갔는데, 6월 한 달은 너무 바빠 안 갔더니, 어느새 초록색 밀밭은 초록색 옥수수밭으로 변해버렸다. 그사이 밀은 누렇게 익었고, 밀을 벤 후 다시 옥수수 씨앗을 심어, 옥수수 싹이 자라, 초록색 옥수수밭으로 변한 것이다. 간간이 노란 해바라기꽃이 피어 있을 뿐이다. 정확히 고속철도로 1시간 40분이 걸려, 우리 일행은 9시 5분 북경서역에 도착했다. 다시 지하철을 갈아타고 남라고항 지하철역에 도착했을 때는 10시 50분경이었다. A선생이 예약한 국제유스호스텔에 짐을 풀고, 남라고항 거리에서 점심으로 짜장면을 먹었다. 한국과 달리 짜장면집에 생음악이 있는 게 좀 특이했다.

남라고항 거리를 구경했다. 어떤 가게에 상의 실종 달마대사상이 있었는데, 중국 사람들은 그 달마대사상을 아주 좋아해서 사진찍기에 바빴다. 남라고항 골목에 있는 중국 작가 모순(矛盾)의 생가도 다시 구경했다. 한국 선생들이 북경에 왔으니 경극을 보고 싶다고 해, 입장료로 230원(46,000원)[1]을 내고 보기로 했다.

경극 〈패왕별희〉가 공연되는 이원극장

경극극장은 호방교(虎坊橋) 근처이며, 이름은 이원극장(梨園劇場)이었다.

---

[1] 중국에서는 매번 환율이 다르지만 A선생의 조언대로 나는 여러 경비가 절약되고 계산도 쉬운 1 : 200원으로, 중국에 있는 동안(2014.9~2021.6) 늘 같은 방식으로 계산하였다.

차를 마시며 볼 수 있는 자리는 380원이라고 한다. 극장 무대와 가까운 앞자리로 찻상에서 차박사가 차를 따라준다고 하며, 그 좌석에는 주로 서양인들이 많이 앉아 있었다.

공연 시작 전, 배우가 의상을 입고 미리 나와 배우의 사진도 찍을 수 있었다. 레퍼토리는 〈패왕별희(覇王別姬)〉, 〈양가장(楊家將)〉 등 총 3편으로 1시간 동안 공연이라고 한다. 악기를 연주하는 사람들은 무대 옆에 있어 잘 보이지 않았다. 무대의 뒷면은 스크린 대신 경극 조각 부조물로 장식되어 있었고, 관객 뒤편의 벽면에는 경극 관련 사진들이 부착되어 있었다. 또 2층 난간에 경극 조각품과 빨간 매듭 등이 걸려 있었다. 초패왕(楚覇王) 항우(項羽)는 『초한지(楚漢志)』의 주인공이기도 하다.

항우와 유방(劉邦)의 일생을 보며, 비극은 예술을 남기고, 승리는 역사를 남긴다는 말이 그냥 떠올랐다. 〈패왕별희〉, 『초한지』, 『삼국지연의』, 명성황후, 순응과 도전, 한국인과 중국인의 차이? 형식미와 내용미가 다르며, 판소리와 경극의 무대 형식이 달랐는데, 화려함과 수수함의 차이인가? 중국 텔레비전에서 봤던 경극과 진행 과정은 비슷했는데, 현장에서 보니 다만 찻상과 관객이 더 있을 뿐이다.

노신 서거 최후의 10일, 데드마스크

다음 날 5시 반에 기상, 남라고항의 거리를 산책하며, 아침은 훈둔[餛飩]을 먹고, 여우탸오[油條]와 두장[豆醬]도 먹어보았다.

9시 반부터 11시까지 2시간 정도 노신박물관을 관람했다. 노신 서거 최후의 10일, 마지막 날의 일기가 제일 기억에 남는다. 박물관 야외에는 노신 조소상, 그리고 그 앞에 원고지 모양의 조형물이 조성되어 있었다. 중국에서 노신박물관을 재교육 기지로 삼아 어린이들에게 다양하게 교육을

시키는 모양이다. 노신의 본명은 주수인(周樹人)이며, 동생은 주작인(周作人)이다. 노신의 엑스레이 사진과 데드마스크, 그리고 민족혼 강조 등이 인상적이었다.

역대제왕묘박물관에서 느낀 중국인의 과장된 심리

삼황오제는 이상적 제왕 신화의 주인공이자 중국 고대의 전설적 제왕이다. 삼황[2]은 천황씨, 지황씨, 인황씨. 천황씨는 중국 태고 시대의 전설적인 인물이며, 삼황의 으뜸으로 12형제가 각각 1만 8천 년씩 왕 노릇을 하였다[3]고 한다. 지황씨는 천황씨의 뒤를 이어 오행(五行) 중 화덕(火德)으로써 천하를 다스렸으며, 기원전 8364년 천체의 움직임을 관찰하고 연구하여 역(일, 월, 년)을 만들었다. 인황씨는 『십팔사략』에 기록된 것에 의하면 형제가 아홉 사람이었고, 그들이 나뉘어 아홉 주의 군주가 되었다고 한다.

천황씨

지황씨

인황씨

---

2 天皇氏，姓望，名获，字文生；別号防五，天灵；地皇氏之父，人皇氏之祖父；"五龙"之首；古越族；以木德王天下；治所在良渚古城中的莫角山台址上；在位年代：2607 B.C.-2575 B.C.
地皇氏，是中国上古神话时期的君主，三皇之一，天皇之后，地皇兴起，在龙门和熊耳山一带即位，共在位三万六千年. 一说地皇氏即神农氏.
人皇氏，姓恺，名胡洮，字文生；別号居方氏；地皇氏之子；古越族；以土德王天下；治所在今山东日照两城镇遗址；在位年代：2550 B.C.~2520 B.C. www.baidu.com 참조.

3 다음(daum), 네이버(Naver), 브리태니커, 위키백과 등 참조.

수운 최제우가 만난 신화적 인물들

북경역대제왕묘박물관

　삼황을 탐방하기 위해 찾아간 북경역대제왕묘박물관(北京歷代帝王廟博物館)은 노신박물관과 비교적 가까운 거리에 있어 걸어서 갈 수 있었다. 중국의 모든 왕들인 188명과 그 책사(策士)들의 초상이 진열되어 있는 내부 전시실은 전혀 사진을 촬영할 수 없다. 안내소 겸 기념품 가게만 촬영이 가능했다. 이 가게 안 벽면에 특별한 중국 지도가 부착되어 있는데, 삼황오제 후손들의 각 성씨가 붙은 버튼들 중 하나를 누르면, 지도 중 관련 지역에 불이 들어왔다. 임씨(林氏)는 하남성(河南省)에, 강씨(姜氏)는 산동성(山東省)에 불이 들어왔으며, 최씨(崔氏)는 강씨에서 분리되었다 한다.

　이 역대제왕묘박물관에서는 중국의 뻥튀기 과장 심리가 느껴졌다. 삼황오제를 비롯해 188명의 제왕이 모셔져 있었는데, 거의 모두 사진뿐이었다. 그 옆에 문관과 무관 보좌들까지 초상 사진이 모두 붙어 있었다. 적어도 564명 이상의 초상이 전시되어 있는 것이다. 다만 실사구시(實事求是)가 아닌 허사구시(虛事求是)의 과장 기법이 문화와 예술 분야에 필요하다고 느껴졌다.

태호 복희씨

목적지 하북성 신락시 복희대 / 하남성 주구시 태호릉묘
경로 1 하북과기대학 동문에서 시내버스로 남초객운참까지, 다시 시내버스로 운하교객운참까지
    이동 → 시외버스로 신락시 이동 → 서조천행 버스로 하가장까지 이동 → 전동차로 복희
    대 이동 및 관람 → 택시로 신락시 이동 → 버스로 운하교객운참, 남초객운참 거쳐 귀가
경로 2 하북과기대학에서 버스로 석가장역 이동 → 기차로 하남성 주구시 이동 → 택시로 태호릉
    묘 이동 및 관람 → 택시로 중화괴원 천자문광장 이동 및 관람 → 택시로 주구역 이동 →
    기차로 석가장북역 이동하여 귀가
일시   2015년 10월 3일(당일) / 2019년 8월 9일~8월 11일(무박 3일)

석가장의 명소 대불사, 창암산, 조주교, 서백파, 복희대 등

한국과 달리 중국은 10월 1일부터 시작되는 국경절 연휴가 1주일이라
마음만 먹는다면 가을 여행이 가능하다. 석가장에 온 지 벌써 1년이 넘어,
석가장 근교의 여행을 나름대로 해본 터였다. 처음 이곳에 와서 하북과기
대학 구내 문구점에서 산 석가장시 지도는 석가장시 근교의 여기저기 관
광지를 소개하고 있다. 일명 대불사(大佛寺)로 알려진 융흥사(隆興寺), 창암
산(蒼巖山), 조주교(趙州橋), 서백파(西柏坡), 복희대(伏羲臺) 등이다.

다른 곳은 거의 가봤는데, 그중 석가장시 북쪽 인근 도시인 신락시의 복
희대는 가보고 싶어 하면서도 못 가본 유적지다. 복희[4]는 중국 전설상의
제왕인 오제 중 한 명이다. B.C 29세기에 뱀의 몸을 가지고 신과 같이 신
비스럽게 태어났다고 한다. 몇몇 초상화에서 나뭇잎 화관을 쓰고 산에서

---

4 伏羲 百科名片 : 中华民族人文始祖, 是我国古籍中记载的最早的王, 所处时代约为新石器
时代早期, 他根据天地万物的变化, 发明创造了八卦, 成了中国古文字的发端, 也结束了"结
绳记事"的历史. 他又结绳为网, 用来捕鸟打猎, 并教会了人们渔猎的方法, 发明了瑟, 创作
了《驾辨》曲子, 他的活动, 标志着中华文明的起始, 也留下了大量关于伏羲的神话传说.

나온 모습, 또는 동물가죽 옷을 입은 사람의 모습으
로 묘사된다. 점에 쓰이는 팔괘를 만들어서 문자의
발전에 이바지했다고 하나 확실하지는 않다.

복희씨

중국어에 능통한 A선생이 동의해 우리 한국인 일
행 여섯 명은 복희대를 찾아 커다란 이야기 벽화를
만나고 왔다. 가기 전 한국 인터넷에서 복희대를 검
색해보니, 규모가 큰 것 같았다. 동이족(東夷族) 후예
로 복희를 연결시킨 기사를 찾아봤을 때, 시제(時祭) 때 성지라 사진 촬영
금지, 한국 교수가 와서 특강을 했던 일, 전체 행사 장소에 빨간 카펫을 깔
고 수천 명이 운집했다는 등의 내용을 읽을 수 있었다.

복희와 여와의 스토리텔링을 묘사한 대형 벽화

이번 신락시 복희대 여행 중 복희와 여와(女媧)의 스토리텔링을 대형 벽
화로 조우한 것이 가장 인상적이었다.

시내버스와 시외버스를 여러 번 갈아타고 신락시 하가장 마을 어구에
내려, 복희대까지 두 블록을 걸어가야 했다. 걸어가는 길에 보이는 골목마
다 노란 옥수수를 대단위로 말리고 있었다. 복희대 입구에는 '희왕고리(羲
王故里) 희왕성리(羲王聖里)'라고 아치형 간판에 써놓았다. 한 중국인 아줌
마가 큰 전동차를 끌고 가고 있어, A선생이 전동차 뒤칸에 태워달라고 부
탁해보았다. 다행히 된다고 해, 우리 일행은 작은 트럭 같은 전동차를 얻
어타고 복희대 앞에 무사히 도착했다. 전동차 얻어탄 값으로 10원을 냈다.

복희대 입구에는 복희를 다양한 특징의 조소상으로 만들어놓았다. 입
장권을 끊고 들어가 한쪽 평상이 있는 곳에서 싸 간 점심들을 먹고, 천천
히 구경을 하기 시작했다. 복희와 여와 스토리의 대형 벽화가 제일 신기했

고, 연리지(連理枝) 뽕나무도 특이했다. 수기치료집에서 들었던 표주박 두
개가 쌍으로 형상화되어 있었고, 표주박 모형의 위쪽에서 물이 나오도록
수도꼭지를 장착해놓았다. 6좌전 침궁(寢宮)은 다른 유적지와 다른 이름의
현판이었다. 복희와 여와가 처음 가정을 꾸렸던 곳을 침궁이라 하고, 이
전각도 사방이 온통 벽화로 채워져 있었다.

여와보천 이야기, 진흙으로 사람을 만드는 여와, 남매 결혼, 주역(周易)
을 만드는 복희, 하도(河圖)와 낙서(洛書)를 완성하는 것 등이 대형 벽화의
주제이자 신화 스토리텔링 그림이었다. 이번 복희대 여행에서 복희와 여
와의 신화 스토리텔링 벽화를 만난 것이 내게 있어 숨은 신과의 조우였다.

복희와 여와 벽화

수운 최제우가 만난 신화적 인물들

신락시 복희대 여행에서 만난 대형 벽화는 온 벽을 가득 채운 그림이었다. 한 벽면이 거대한 캔버스 같았다. 이 벽화를 통해 많은 것을 알게 되어 벽화 학법이라 부르게 되었다.

성북천 하류에 있는 벽화. 이 벽화를 통해 용두골 설화와 선잠단지 이야기를 알 수 있었다. 일종의 벽화 학법이라 할 수 있겠다.

창암산 도교사당 내 별자리신들 벽화

다시 만난 택시기사

중국에서 혼자 여행할 때 중국어를 못 하는 나로서는 필담(筆談)으로 소통할 수밖에 없다. 그러기에 여행지에서 새로운 택시기사님을 만나 힘들게 소통하느니, 전에 이용했던 택시기사님을 다시 부르는 것도, 같은 지역으로 여행하는 경우 편리한 방법이다. 중국의 택시기사도 한국의 택시기사와 비슷한 느낌인데, 그들 나름의 근성이 있어서 기차역 앞 택시 승강장에 앞의 택시가 떠나야 자신의 순번을 운용한다. 이때 내 순서가 되어 타게 된 택시기사의 인상이 별로 안 좋아도 어쩔 수 없다. 그래서 혼자서 다니던 여행 초기에는 인상이 좋은 택시기사를 만나는 것을 중요하게 생각했었다.

보통 나는 주말을 이용해서 오고 가는 시간을 포함해 무박 3일로 여행하지만, 결과적으로 온전히 여행에 쓸 수 있는 시간은 토요일 하루이다. 그래서 기차역 앞 승강장이나 광장에서 택시를 타고 목적지에 도착하면, 택시기사에게 내가 관람하는 두세 시간 동안 기다려달라 부탁하고, 다시 그 택시를 타고 석가장역까지 오는 기차를 탈 수 있는 역까지 오곤 한다. 간단하게 말하면 택시를 대절해서 여행을 하는 셈이다.

2016년 11월 하남성 주구역에서 노자의 태청궁(太淸宮)과 기자독서대(箕子讀書臺)를 찾아갈 때 이용했던 여자 택시기사님이 있었다. 2019년 8월 똑같은 주구역을 이용해야 해서 연락을 하게 되었다. 두 번째 이용하는 분이기에, 미리 웨이신을 통해 여행 일정을 알려주고, 몇 시까지 주구역 앞에 와달라고 하면 된다.

중국 기차역의 특징

그래서 여름방학이라 석가장에 놀러온 동생 임금희 박사와 함께, 하남성 주구 지역에 있는 태호릉(太昊陵)과 천자문광장(千字文廣場)을 묶어서 여행하게 되었다.

중국 기차표 예매 시스템은 한국과 달라서 하루에 왕복표를 다 끊을 수가 없고, 또 아무 때나 끊을 수도 없다. 특히 침대차는 예매가 시작되고 5분 만에 매진되기 때문에, 상당히 어렵고 복잡하다. 보통 4주 전 오후 2시, 침대 기차표의 예매를 개시하고, 돌아오는 차표는 다음 날 오후 6시에 예매를 개시한다. 침대차 종류는 두 가지인데, 비교적 비싼 부드러운 침대차[軟臥]와 비교적 저렴한 가격의 딱딱한 침대차[硬臥]다. 딱딱한 침대차는 객실 한 칸을 6명이 이용할 수 있도록 되어 있다. 맨 꼭대기 상포(上鋪), 중간의 중포(中鋪), 맨 아래 하포(下鋪) 3층의 침대가 양쪽으로 나란히 맞보고 있다. 부드러운 침대차는 상포와 하포 2층 침대가 양쪽에 배치되어 한 칸을 4명이 이용하게 되어 있다. 부드러운 침대차보다 좀 값이 저렴한 딱딱한 침대를 이용할 때, 상포 자리가 걸리면 너무 불편하다. 상포에서는 거의 머리가 기차 천장에 닿을 뿐만 아니라, 좁은 사다리를 이용해 올라가려면 여간 불편한 게 아니다. 특히 나처럼 나이가 든 사람은 밤에도 화장실을 자주 이용하기에, 수직 사다리를 자주 오르락내리락해야 해서 아주 불편하다. 상포, 중포, 하포를 마음대로 고르는 예약 시스템이 아니기에, 상포 자리가 예매되면 표를 바꿔야 하는데, 교환은 3번까지만 가능하기에, 정말 번거로운 절차를 통해 예매표를 구입해야 하는 것이다. 부드러운 침대차는 어떤 표가 걸려도 상관없어 이용하기에 좋지만, 금방 매진되곤 한다. 내가 여행할 수 있는 것은, 기차표를 거의 예매해준, 정말 전생에 한국 사람이었나 싶은 스자좡세종학당의 중국인 교사 장남 선생님의 노고 덕분이었다.

석가장역 매표소에서 예매권을 보여주고 기차표를 교환해야 했다. 여권과 교환한 기차표를 보여주고 안전검사대를 통과해야 대합실에 들어갈 수 있다. 중국의 기차역은 한국과 달리 표가 없으면 대합실에 들어갈 수 없다. 매표소에 해당하는 수표처(需票處)에서는 보통 안전검색대를 통과해 표만 살 수 있고, 의자나 화장실 같은 편의시설이 없어서 아주 불편하다. 즉 중국의 기차역은 일반적으로 대합실과 매표소가 이중으로 분리되어 운영되고 있는 셈이다.

여행할 때 나도 모르게 생긴 습관이, 출발역과 도착역 사이 통과하는 모든 역의 이름과 도착 시간들을 여행 수첩에 메모하는 것이다. 그리고 해당 역을 통과할 때 눈이 뜨여 있으면, 외국의 낯선 지명인 기차역 이름이 부착된 부분을 사진 찍는 습관도 생겼다. 중학교 1학년 때 지리 공부를 하면서 지역을 알아가는 과정과 비슷하다고 할 수 있을 것이다. 더군다나 기차를 타고 다니다 보면, 기차역 대합실 주변의 벽면에 그 지역의 유명 관광지나 인물을 홍보하는 광고물이 붙어 있는 경우가 많아서, 그것을 관찰하는 것도 중국 기차 여행 중 색다른 묘미라 할 수 있다.

하남성 안양동역(安陽東站)에 정차했을 때 기차역 내부 철로 주변 벽면에는 유리성(羑里城) 홍보물이 붙어 있었고, 탕음역(湯陰站)에 잠시 정차했을 때는 악왕고리(岳王故里)라는 비석이 바로 철로 옆에 세워져 있었다. 그런 식으로 이 지역에 유리성이 있고, 또 이 지역이 악비의 고향이라는 것을 바로 알 수 있었다. 어쨌든 이런 특별한 발견을 할 때마다 중국에서의 기차 여행이 기대되곤 했다.

방상시 공연과 중화괴원

하남성 주구로 향하는 기차 내에서 하루가 넘어갔다. 이번 주구로 떠나는 차편은 침대차가 빨리 매진되는 바람에 일반 좌석에 앉아서 가면서 딱딱한 의자의 불편함을 감내해야 했다. 주구역의 여자 기사님을 3년 만에 반갑게 만나 택시로 주구역을 출발했다.

중국에서는 오래된 고목을 고수(古樹)라 하며, 나무 이름과 수령을 밝혀 놓은 것을 많이 볼 수 있는데, 태호릉 입구에서도 고수를 볼 수 있었다. 여행지에 가면 보통 회화나무와 측백나무의 고목이 많은 편인데, 이곳에서는 측백나무를 완전히 정자 스타일로 전지(剪枝)를 해서, 멀리서 보면 녹색 정자같지만 정말 나무 그 자체인 측백나무 정자를 봤다.

수운 최제우가 만난 신화적 인물들

측백나무를 가지치기해서 만든 정자

태호릉묘에서 본 방상시 탈을 쓴 공연

용두

용미

태호릉 입구 근처 벽은 경복궁에서 봤던 꽃담이 아닌 용이 새겨져 있는 담장인 용담이었다. 보통 창덕궁에 가게 되면 그 안의 아치형 다리를 건널 때, 작은 수로 위에 용의 머리가 조각물로 중요한 역할을 하고 있다. 그런데 태호릉에서 다리의 오른쪽과 왼쪽을 색다르게, 한쪽은 용의 머리(龍頭)를, 다른 한쪽은 용의 꼬리(龍尾)를 장식했으니, 다리가 용의 몸통이라 할 수 있겠다.

중국을 여행하다 보면 천하라는 수식어가 정말 많이 붙는다. 이 복희씨의 능에도 천하제일릉(天下第一陵)이라는 홍보 문구가 보인다. 그 밖에도

중화괴원의 한비자 흉상   맹모삼천 조소상

대도지원(大道之源), 선천문(先天門), 태극문(太極門) 등의 현판을 보았다.

태호릉을 구경한 후, 다시 택시로 천자문광장이 있는 중화괴원(中華槐園)에 도착했다. 천자문광장은 『춘향전』에 나오는 중국 인물 중 한 명인 주흥사(周興嗣)와 관련된 곳이다. 이 중화괴원은 작은 야산과 호수가 있는 공원이었다. 공원에서 죽간을 울타리처럼 설치해 천자문을 새긴 벽을 둘러본 후, 인터넷에서 봤던 주흥사 동상을 찾아봤지만 아무리 둘러보아도 보이지 않았다. 그래도 헤매다가 여기저기에서 중국의 역사상 인물과 조소상들을 많이 만났다. 철면무사(鐵面無私), 착벽차광(鑿壁遮光) 등의 조소상과 한비자(韓非子), 상앙(商鞅) 등의 흉상이었다. 이 중화괴원이 내가 좋아하는 거리에서 공부를 할 수 있는 거리학교임을 재확인할 수 있었다. 맹자, 관중(管仲), 동중서(董仲舒), 맹모삼천(孟母三遷), 사마광잡항(司馬光砸缸) 등 이미 알고 있는 인물도 있지만, 처음 만나는 인물들도 있었다.

           수운 최제우가 만난 신화적 인물들

찾고 싶었던 주흥사 동상은 중화괴원을 나와 톨게이트로 빠지기 전, 도로 옆 광장에서 우연히 발견했다.

이번 여행에서는 말로만 듣던 방상시(方相氏) 가면을 쓴 공연을 처음으로 현장에서 봤다. 나례의식(儺禮儀式) 등 궁중의식에서 검은색 방상시 탈을 쓰고 악귀를 쫓는 행위의 공연이다.

금자학법 2 — 흉상 학법

중화괴원은 『춘향전』에 등장하는 중국 인물인 주흥사를 찾다가 알게 된 유적지이다. 중화괴원에서 주흥사 동상을 찾아 헤매다가 여기저기에서 한비자와 상앙 등의 흉상을 많이 만났다. 이런 흉상을 통해 많은 것을 알게 되어 이를 흉상 학법이라 칭할 수 있겠다.

국립국악원 앞 신재효 흉상　석가장외국어학교의 다윈 흉상　하북과기대학 근처 남류 동네에 있는 흉상들

중화괴원에서 중국의 역사 인물과 고사성어 관련 인물 조소상을 많이 만났다. 착벽차광, 맹모삼천, 사마광잡항 등 이미 알고 있는 스토리도 있지만 처음 만나는 스토리도 있다. 결국 조소상을 통해 여러 가지를 알게 되어 조소상 학법이라 칭하게 되었다.

왼쪽 : 석가장 열사능원 내의 착벽투광 조소상
오른쪽 : 노자문화광장의 노자설법 조소상

중국의 황금시대를 이룬 황제 헌원씨

목적지 섬서성 동천시 손사막기념관 / 연안시 황릉현 황제릉
경로   하북과기대학 → 버스로 석가장북역 이동 → 기차로 섬서성 포성동역 이동 → 택시로 동
       천시 손사막기념관까지 이동 및 관람 → 다시 택시로 황제릉 이동 및 관람 → 택시로 연
       안역 이동 → 기차로 석가장북역 이동 → 귀가
일시   2017년 5월 27일~29일(무박 3일)

황제 헌원씨

황제[5]는 중국 전국 시대 이후로 문헌에 등장하는
오제 중 첫 번째 제왕으로, 삼황에 이어 세상을 다스
렸다고 설명되며 헌원씨(軒轅氏)라고도 부른다. 황제
라는 명칭은 재위시 황룡이 나타나 토덕(土德)의 상
서로운 징조가 있다고 하여 붙여졌다. 다른 문헌에
서 강조하는 황제 역시 중국의 모든 도사들을 보호
하는 성인이다. 전설적인 제왕 중 연대로는 앞서지
만 실제로는 마지막으로 찾아낸 인물이며 기원전 4세기가 되어서야 비로
소 중국의 신화에 등장했다. 신하들이 황제의 은덕을 즐거워하는 긴 치세
기간 동안 진정한 황금시대를 이룬 이 경이적인 제왕의 전설은, 여기서는

---

5   黃帝軒轅 百科名片：黃帝为中华民族始祖, 人文初祖, 中国远古时期部落联盟首领. 黃帝
       (前2697–前2599) 少典之子, 本姓公孙, 长居姬水, 因改姓姬, 居轩辕之丘, 故号轩辕氏, 出生,
       创业和建都于有熊, 故亦称有熊氏, 因有土德之瑞, 故号黃帝. 他首先统一中华民族的伟绩
       而载入史册. 他播百谷草木, 大力发展生产, 创造文字, 始制衣冠, 建造舟车, 发明指南车, 定
       算数, 制音律, 创医学等, 是承前启后中华文明的先祖.

지혜의 예증으로 사용된다. 황제는 내면적으로나 외면적으로나 완전한 영역에 도달했으며, 그는 또한 문화를 만들어낸 영웅이기도 하다.[6]

20년 만에 혼자 찾은 섬서성

섬서성의 손사막기념관(孫思邈紀念館)과 황제릉(黃帝陵)으로 여행을 떠나는 날이다. 금요일 저녁에 출발하여 토요일 아침. 이곳은 이제 아카시아꽃이 피는 듯했다. 중국에서는 지역마다 시간감(感)과 날씨감이 많이 달라, 타임머신 여행을 하는 느낌이다. 한편 나에게 계속 명의 코드가 필요하다는 생각이 들었다. 10대 명의 중 한 명인 손사막을 만나러 가는 길, 철로 주변의 산에서 스쳐가는 요동(窯洞)을 몇 개 봤다. 1997년 여름 첫 해외여행 때 섬서성 서안(西安)에 와본 적이 있었고, 다시 20년 만에 스스로 섬서성 지역에 온 것이다. 그때는 학회 일정 겸 여행 코스가 결부되어 있어 왔었고, 지금은 혼자 온 것이다. 섬서성의 산세는 어쩐지 강원도의 산세와 비슷하다는 느낌이 들었다.

포성동역에 내려 택시를 탔다. 택시기사와 흥정한 금액은 지금까지 이용한 택시 대절 비용 중 제일 비싼 1,500원이었다. 한국 돈으로 30만 원쯤.

백오동이 있어서 벽오동이 있는가

약왕산(藥王山)의 4월은 유채꽃과 오동나무꽃이 한창이다. 유채꽃은 한국의 여기저기에서 많이 볼 수 있지만. 하북과기대학 캠퍼스 내에 노란색 유채꽃이 넓은 대지에 만발해 있기에, 가까운 생활 반경에서 행복감을 느끼게 한다. 보라색 오동나무꽃은 고향 계룡산 신도안 시골에 살 때는 많이

---

6   아서 코트렐, 『그림으로 보는 세계신화사전』, 편집부 역, 까치, 2002, 180~181쪽.

봤지만, 도시로 온 이후 거의 본 적이 없다. 그런데 하북과기대학 캠퍼스 내에서 보랏빛 오동나무꽃을 봤고, 하얀색 오동나무꽃은 난생처음 봤다. 석가장에서 4월에 시내버스를 타고 여기저기 다니면 오동나무꽃이 핀 것을 많이 볼 수 있다. 이렇게 많은 오동나무가 있다는 것이 신기했다. 가수 김도향의 노래를 떠올리며, 백오동(白梧桐)이 따로 있어서 벽오동(碧梧桐)을 노랫말에 썼나 그런 추측을 해봤다. 어쨌든 그 이후, 나는 석가장에 봄이 오고 4월이 오면, 버스를 타고 오동나무꽃을 감상하는 것을 중요하게 생각하였다.

『논어』의 문장과 함께하는 중국의 문화 무의식

어떤 시골을 지나갈 때, 벽에 공자 그림과 "불환인지불기지 환부지인야(不患人之不己知 患不知人也, 남이 나를 알아주지 못함을 걱정하지 말고 내가 남을 알아주지 못함을 걱정하라)"라는 『논어』의 유명한 문구가 쓰여 있는 걸 보았다. 생각보다 『논어』 문장을 쓴 벽이 많았다. 흥진(興镇) 동네는 『논어』 문장 마을인가? 그다음 통과하는 곳들은 부평(富平) 지역과 유곡(流曲) 지역이다.

중국 사람은 문장을 좋아하는지? 중국의 무의식과 한국의 무의식, 민족의 무의식과 국가의 무의식이 어떻게 다른가? 시서화(詩書畵) 무의식이 교육 무의식인지, 문화 무의식을 중국 사람들은 잘 만든다는 생각이 들었고, 그리고 거리의 벽을 잘 이용한다는 생각이 들었다. 이때 손사막기념관이 있는 지역인 동천 표지판이 보였다.

도서관처럼 만든 손사막기념관

접시꽃과 과수원이 많은 지역을 거쳐, 드디어 손사막기념관 앞에 도착

손사막기념관의 의학서가

했다. 선글라스를 낀 젊은 중국인 택시기사는 500원을 선불로 달라고 했다.

손사막기념관 앞에는 전후좌우에 물을 채워놓은 웅덩이 가운데 손사막의 동상이 세워져 있었다. 기념관 내부에는 자연 소재인 대나무, 돌, 소나무, 물, 새끼줄 등을 그대로 이용해 장식해놓았다는 점이 특이했다. 특히 히포크라테스 흉상이 특별했다. 2층은 도서관 형태로 거대 서가가 한 벽을 모두 채웠는데, 모두 의서라는 게 대단하게 여겨졌다. 또 10대 명의도 소개해놓았고 의학 고서들을 그대로 책 스타일 청동 부조물로 만든 것도 신기했다. 청동으로 만들었는데도 색깔과 형상이 고서 느낌이 들어 특이했다. 침술 의약 체험소도 있었다. 손사막기념관을 둘러보고, 도자기로 만든 손사막 인형을 샀다. 약왕산에 갈 시간이 없기에, 약왕산 입구에서 잠깐 사진만 몇 장 찍었다. 약왕산 입구의 다리 난간 여백에는 금목수화토(金木水火土)가 새겨져 있었다.

손사막 관련 지역인 동천의 약왕산은 구릉 같은 산지이다. 명의 이시진의 고향인 호북성의 기춘과는 아주 다른 지형이었다. 지나치면서 의군(宜

황제릉

君)을 소개한 안내판을 보니 사과가 유명하다고 써 있었다. 산에는 아카시아 비슷하지만 키가 작은 꽃나무에 하얀 꽃이 아주 많이 피어 있었다. 팽진(彭鎭)을 지나가면서, 나원량수도터널과 호구폭포(壺口瀑布) 표지판을 보았다. 금쇄관(金鎖關), 초평(焦坪)도 아카시아꽃이 한창이었다. 의군 지역은 한 달 정도 시계를 거꾸로 돌리기가 가능하다면, 강원도의 늦겨울 느낌이 들었다. 고장량터널, 호랑이꼬리라는 이름의 호미(虎尾)터널을 통과하여, 드디어 황제릉 입구에 도착했다.

태양을 쫓아가는 과보

젊은 택시기사가 또 택시비 3분의 1을 달라고 해 500원을 주었다. 황제릉에 들어가니 과보추일(夸父追日), 과보가 태양을 쫓아간다고 쓰인 큰 돌이 보였다. 과보라는

천장에 구멍이 뚫린 황제릉의 한 전각

거인이 태양과 달리기 시합을 하다가 죽어버렸다는 신화에서 나온 말이다. 큰 바위에 약간의 얼룩무늬가 있을 뿐이다.

황제릉에는 5천 년 수령의 측백이 있다. 여태 본 측백 중 제일 오래된 나무 같다. 북경 공묘에서 본 측백보다 훨씬 웅장하고 거대했다. 이곳에서 한국어 안내판도 만났다. 황제릉을 출발할 때 주차장 근처에서는 고향집 꽃밭에 분홍색 월계꽃이 있어 자주 맡았던 월계꽃 향기가 풍겼다.

주유소에서 기름을 넣고, 황릉현을 출발했다. 도남터널을 지날 때, 터키 카파도키아 지방의 연필 모양의 암벽산과 비슷한 지형이 많이 보였다. 택시는 연안역(延安站)을 향해 달리며 융방(隆坊) 안내판, 호로하대교, 낙하대교, 한채터널[漢蔡隧道]을 통과했다. 중국의 산들을 보면서 한국 사람들이 산에 대한 관념을 바꾸기 너무 어렵다는 생각이 들었다.

혁명의 도시 연안

연안역에 도착하여 나머지 500원을 주면서 결국 택시기사에게 한마디

수운 최제우가 만난 신화적 인물들

했다. 차비가 천오백 원이면 너무 비싸다고, 천 원이 적당하다고, 다음에 이 택시를 이용할 한국인을 위해 그렇게 말하지 않을 수 없었다.

연안은 모택동(毛擇東)과 밀접한 지역이어서 연안역 앞 광장 겸 정원 옆에 연안혁명 기념 부조물을 세워놓고, 또 전지 기법으로 공원을 장식한 것은 인상적이었다.

금자학법 4 — 기둥 학법

황제릉을 탐방하고 석가장으로 올 때 이용한 역이 연안역이다. 이 연안역 앞에 조성된 기둥에 새겨진 내용을 통해 연안혁명과 모택동 관련 역사를 접할 수 있었다. 그래서 기둥으로 여러 가지를 알 수 있게 하는 학습 방법이라 생각하게 되었다. 광화문광장에도 세종대왕 관련 내용을 새긴 기둥이 세워져 있다. 세종대왕의 한글 창제 등 여러 가지를 알 수 있기 때문에 이것도 기둥 학법이라 할 수 있겠다.

연안역 앞에 세워진 기둥.
연안혁명 관련 내용이 새겨져 있다.

농경의 신 염제 신농씨

목적지 섬서성 보계시 염제릉 / 강자아조어대

경로 석가장 하북과기대학 → 버스로 석가장역 이동 → 기차로 섬서성 보계 이동 → 택시로 염제릉 이동 및 관람 → 택시로 반계에 있는 강자아조어대 이동 및 관람 → 택시로 보계역 이동 → 기차로 석가장역 이동 → 귀가

일시 2017년 9월 8일~10일(무박 3일)

염제 신농씨

신농(神農)[7]은 고대 중국 신화에 나오는 두 번째 황제로 염제(炎帝)라고 한다. B.C. 28세기에 인신우두(人身牛頭)의 형상을 하고 태어났다고 전해진다. 마차와 쟁기를 만들었으며 소를 길들이고 말에게 멍에를 씌웠다. 또한 백성들에게 불로써 토지를 깨끗하게 하는 법을 가르쳤다. 신농은 중국을 확고한 농경사회로 만드는 데 기여했다고 알려져 있다.

---

7   炎帝 百科名片 : 炎帝是中华民族的始祖之一 又称赤帝, 烈山氏, 距今约四千多年前生于姜水之岸. 他与黄帝结盟并逐渐形成了华夏族, 这才有了今天的炎黄子孙. 염제는 원래 남방에 위치해서 여름을 지배하는 관념적인 신격이었다고 생각된다. 오행사상에서 '화(火)'에 해당하는 위치에 있는 점에서 삼황의 일인인 신농과 결부되어서 염제 신농씨라고 불리며, 복희(伏羲)와 황제(黃帝) 사이에 들어가는 제왕으로서 역사화되었다. 성은 강(姜). 어머니 여등(女登)은 신룡(神龍)에 감화받아 그를 낳았는데, 사람의 몸에 소의 머리를 하였다고 한다. 성덕이 있어서 제위에 오르자 진(陳)으로 수도를 정하고, 농기구를 발명해서 곡물을 심는 것을 사람들에게 가르치고, 시장 제도를 창시하는 등 민생의 안정에 노력했다. 또한 초목을 뒤져서 약초를 찾고, 『신농본초경』 4권을 저술했다고 한다. [네이버백과] 염제, 『종교학대사전』, 한국사전연구사, 1998.

수운 최제우가 만난 신화적 인물들

노란 꽃이 피는 모감주나무(난수)와
머루 송이 같은 열매가 열리는 여정자

모감주나무 노란 꽃과 함께 보계시 염제릉으로

중국이 넓기는 하지만 일상에 새로운 게 없을 때 여행을 떠나면 더 즐길
수 있다. 저녁에 침대차를 타고 떠나는 여행도 점점 익숙해졌다. 서안역,
함양역, 양릉역을 통과한 후부터는 익어가는 옥수수밭 풍경만 계속 펼쳐
질 뿐이다. 평생 자는 잠, 죽으면 계속 잘 수 있는 잠이기에, 그리고 다시
이곳을 더 못 올 수도 있기에, 이 여행 지역을 잘 관찰하는 것이 아주 중요
하다는 생각이 들었다.

이른 아침 채가파역(蔡家坡站)에 정차했는데, 모감주나무(중국에서는 난수
[欒樹]라고 한다)의 노란 꽃이 아주 예쁘게 피었다. 기차 철로변의 난수도 많
이 목격했다. 이곳엔 여정자(女貞子)라는 나무도 많았다.

처음 하북과기대학에 와서 교내 교사 식당 근처에서 모감주나무, 즉 난
수를 봤다. 아주 키가 큰 나무에 노란 꽃이 숭얼숭얼 매달려 있는 모습이
아주 예뻤다. 늦가을에 머루 송이처럼 검은빛 열매가 주렁주렁 매달려 있
는 여정자도 많이 봤다. 이 두 나무는 중국에 와서 처음 본 나무였고, 나중

하남성 정주 근교 황하명승구의 인조바위산 염황 얼굴

에 이름도 알게 되었다. 시골 출신인 나는 여행을 할 때마다 중국의 수목들을 유심히 보는 편이다.

8시 10분쯤 보계역에 도착했다. 목적지를 적어 온 메모지를 보여주며, 중국인 택시기사와 비용을 흥정했다. 보계 여행은 400원, 섬서성 근처인 감숙성(甘肅省) 영대현(靈臺縣)에 있는 중국 10대 명의 중 한 명인 황보밀(皇甫謐) 관련 유적지 여행은 600원이다.

택시로 보계 거리를 달리면서, 한 경찰서 앞을 지나는데 바로 입구에 호적실(戶籍室)이라 쓰여 있는 간판을 처음으로 목격했다. 중국에서는 경찰서에 호적이 있다는 이야기를 예전에 중국 학생에게 들은 적이 있었다. 보계시(寶鷄市)의 가로수가 모두 난수, 즉 모감주나무인 것도 아주 인상적이었다.

염제릉(炎帝陵)이라 쓰여 있는 정원석 근처 주차장에 도착해서 택시기사에게 야진[押金]이란 보증금으로 100원을 드렸다. 택시를 대절하여 여행을 다니다가 우연히 알게 되어, 보증금 필요하냐고 물어보고 일부 선금처

수운 최제우가 만난 신화적 인물들

염제릉

럼 먼저 드린다. 배낭도 택시에 놔두고 여권과 기차표, 지갑과 수첩만 들
어 있는 작은 가방만 어깨에 메고 나가면서, 몇 시까지 돌아오겠다고 말하
면 된다.

염제릉에는 염제씨 조소상을 두 개나 황금으로 조성해놓았다. 염제릉의
형태는 그냥 동그란 야산처럼 생겼다. 중국에서 동그란 야산 스타일의 묘
소를 많이 목격했는데, 염제릉 역시 마찬가지다. 황제릉과 염제릉의 공통
점은, 조소상을 모셔놓은 신전 천장에 구멍을 내어 하늘이 직접 보이게 한
점이다. 자연의 태양광을 신의 광휘처럼 이용한다는 생각이 들었다.

가훈의 전시회장

중국에서 여행을 다니다 보니, 입장권이 비싼 여행지일수록 볼 게 많고,
의미가 많이 있는 것을 발견하게 되었다. 무료 유적지나 관광지는 별로 볼
게 없는 편이다. 염제릉의 입장료는 30원이었다. 금으로 만든 황금빛 카드
를 성씨별로 파는데 하나에 100원이었다.

가훈의 벽

　염제릉에는 성씨별로 가훈을 적어놓은 족자를 벽에 아주 많이 걸어놓았다. 말 그대로 가훈의 전시회장이었다. 성씨별 토템이 그려진 노란 깃발이 전각을 향해 걸어갈 때 노랗게 펄럭거렸다. 한 여행지를 방문할 때 이전에 가봤던 여행지와의 공통점을 찾아보는 것도 쏠쏠한 여행의 재미다. 섬서성 연안시 황제릉을 여행할 때에는 성씨별 토템이 부록으로 붙은 책을 팔고 있었다. 나는 그걸 사서, 주변 사람들에게 선물로 주려고 성씨별 토템 전지(剪紙)를 오리기 시작했다. 황릉현 황제릉의 현장처럼, 과장술이 대단하다고 생각되었다. 이곳에서는 강씨(姜氏) 토템이 중요한지 신전 안에 들어갔을 때, 벽에도 크게 강씨라 부착해놓고, 그곳에 있는 방석마다 모두 강씨가 쓰여 있었다.

　여행을 다니다 보면, 여러 번 목격하지만 중국인의 상술은 정말 뛰어나다. 숫자에 의미를 부여해 금액을 책정해놓았는데, 숫자 99를 두 번 써놓고 200원을 받는다. 공덕금(功德金)으로 지불하게 만든 셈이다. 너무 비싸다고 생각해서 나는 방명록에 이름만 쓰고 100원만 냈다. 중국인의 특징과 상술을 나름대로 거술(巨術), 휘황술(輝煌術), 불후술(不朽術), 걸출술(傑出

수운 최제우가 만난 신화적 인물들

術), 문화 전승 기술, 성씨(姓氏) 상술, 공덕전 상술, 숫자 상술 등이라 정리해보았다.

염제릉을 모두 둘러보고 나오는 길, 검은색의 제복(祭服)을 입은 사람들이 향을 피우고 있다. 무슨 의식을 거행하나 보다. 중국의 제의에서 폭죽과 향을 쓰는 건 한국의 제의에서 사용하는 금줄 대신이 아닐까 추측해봤다. 동근(同根)이란 그림은 성씨가계도처럼 크게 그려놓았다.

금자학법 5 — 벽 학법

벽 학법은 정말 다양하다. 울타리 담장을 세울 때 직접 벽에 관련 내용을 넣는 방법, 그냥 벽에 가훈 족자를 걸어놓은 방법, 기차역을 건축할 때 그 지역의 명인을 벽면에 부조로 새겨 넣는 방법 등. 어쨌든 벽에 있는 내용을 통해 많은 것을 알게 되었다. 벽에 쓰여 있는 내용을 통해서 많은 것을 알게 되어 이름하여 벽 학법이라 할 수 있다.

화타기념관의 시벽

호북성 양양역 벽의 제갈량 부조물

고양 전욱씨

목적지 하남성 안양시 내황현 전욱제곡릉 / 학벽시 준현의 자공문화광장
경로   석가장 하북과기대학→ 버스로 석가장역 이동→ 기차로 하남성 안양동역 이동→ 택시
        로 안양시 내황현 전욱제곡릉 이동 및 관람→ 택시로 학벽시 준현의 자공문화광장 이동
        → 준현 거리 관람 후 택시로 안양동역 이동→ 기차로 석가장 이동→ 귀가
일시   2018년 5월 12일(당일)

중국 기차 여행의 특이한 점

중국에서 여행을 하면서 한번 이용했던 택시기사를 여러 번 이용하는 경우가 많다. 왠지 잘 모르지만 분위기상 친절한 택시기사가 있다. 작은 행동에서 그런 느낌을 받는다. 그런 경우 여행 일정을 웨이신으로 연락하고, 기차역 앞에 몇 시까지 나와달라고 부탁하면 된다. 대신 한국적인 기념품을 마음의 선물로 준비해가곤 한다.

새벽 4시에 기상하여 아침을 간단히 먹고, 6시 20분에 교사 숙소를 출발하여 69번 시내버스를 타고, 하북사범대학 다음 정류장인 룬펑우진청에 내려, 다른 도로 쪽으로 가서, 72번 시내버스를 이용하면 된다. 한국과 달리 시내버스의 첫차는 6시에 출발하고, 막차는 노선별로 다른데 석가장시 변두리에 위치한 하북과기대학으로 오는 시내버스는 시내에서 21시면 끊긴다. 시내버스를 두 번 갈아타고 석가장역에 도착했다. 하북과기대학에서 석가장역은 비교적 가까운 편이나, 한 번에 가는 버스 노선은 없다.

8시 14분 석가장역에서 출발한 고속철도는 9시 15분쯤 하남성 안양동역에 도착했다. 미리 연락해둔 택시기사는 지난봄 탕음역에 하차해 편작

수운 최제우가 만난 신화적 인물들

묘, 악비묘, 유리성, 세 곳을 여행할 때 이용했던 젊은 중국인 기사님이다. 이 택시기사에게 웨이신으로 여행 일정을 보낼 때, 학벽역과 안양동역 중 어디가 좋을지 물으니, 거의 비슷한데 안양동역을 이용하면 된다고 했었다.

중국에서는 뭐든지 빨리 할 수가 없고, 공짜가 거의 없다. 사람이 너무 많기 때문이다. 석가장역만 해도 표를 개찰하고 대합실에 가려면 일직선으로 된 경로가 거의 없다. ㄹ자 철책으로 들어가는 통로가 만들어져 있어 뛰고 싶어도 뛸 수 없다. 석가장역의 경우 동광장, 서광장, 남광장, 북광장, 정확하게 위치를 말하지 않으면 기다려도 허탕이고, 다시 반대쪽 광장으로 가려 해도 뛴다고 빨리 갈 수 있는 구조도 아니다.

고속철도로 중국 남부를 향해 떠나는 여행이다. 충청도 계룡산 신도안이란 시골 출신인 나로서는 언제나 한없이 부럽고 그리운 것은 초록색의 드넓은 대지이다. 인구가 많다는 사실도 언제나 부러움으로 다가온다. 이 두 가지 때문에 스스로 중국인들의 무의식에 뱃심과 배짱이 자연스럽게 자리 잡는 것이 아닐까 하는 생각이 들었다.

안양동역에 가기 전, 한단동역(邯鄲東站)에 잠시 정차했다. 기차 뒷자리에서 투박한 한국말이 들려오는데, 내용은 필리핀 야자 얘기였다. 갑자기 현진건의 소설 「고향」의 한 장면, 같은 기차칸에 일본옷, 중국옷, 한국옷 여러 나라 옷을 입은 사람이 앉아 있는 모습을 묘사한 장면이 떠올랐다.

안양동역에 도착하여 다시 만난 택시기사에게 준비해 간 선물 — 김, 필통, 책갈피, 작은 복주머니 등을 드렸다. 장년의 택시기사는 곧바로 전욱제곡릉(顓頊帝嚳陵)으로 출발했다. 전욱[8]은 고대 중국의 신화상의 제왕이

---

8 顓頊 百科名(前2514~前2437) : 中国历史中的一位传说人物, 为五帝之一. 相传顓頊是黄

전욱씨

며, 이름은 고양(高陽)이다. 오제의 한 명으로 소호의 뒤를 이어 제위에 올랐고, 78년간 재위했다고 전해진다.

가는 길에 미피(米皮)라는 간판이 보였다. 중국에는 양파, 토마토, 수박, 배 등 한 품목만 파는 포장마차들이 언제나 많은데, 여기에서도 목격할 수 있었다. 한국 사람들이 자주 쓰는 '가화만사성(家和萬事成)' 비슷하게 중국에서는 '가화만사흥(家和萬事興)'이란 구절을 많이 쓰는데, 실내가 아니라 대문 위의 벽에 써놓는다는 것이 특징이다. 이 5음절의 가훈을 여행 중 많이 봤었는데, 이곳 거리에도 대문마다 '가화만사흥'과 그림들이 비슷비슷하게 새겨져 있다.

동학 텍스트의 중국 인물 25명 vs 중국 명의 10명

갑자기 오늘 아침, 『동경대전』과 『용담유사』에 나타난 중국 인물 25명 탐방기보다, 10명의 중국 명의 탐방기를 먼저 써야겠다는 생각이 들었다. '중국 10대 명의 문화 탐방기'. 기차에서, 택시 안에서, 창밖으로 펼쳐지는 하남성의 초록색 대지를 보면서, 이미 마음으로 배가 불렀다.

인생에서 전환은 언제 이루어지는가? 한 점 한 점 모이고 모여, 어느 날 그것이 축적되고 종합되어 전환기가 이루어지는 것 아니겠는가? 내 인생을 돌아보면, 한국에서 한국어 선생을 하다가 2014년 중국에서 한국어 선

帝的孙子, 是九黎族的首领. 相传是黄帝子昌意的后裔《山海经》,《国语·楚语》有此说), 居帝丘, 号高阳氏. 被黄帝征服的九黎族, 到颛顼时, 仍奉巫教, 杂拜鬼神. 颛顼禁绝巫教, 逼令顺从黄帝族的教化. 当时南方苗族又逐渐向北发展, 自颛顼至禹, 传说中常见苗族, 黎族与黄帝族的不断冲突.

　　　　수운 최제우가 만난 신화적 인물들

생으로 일하게 된 전환기가 있었다. 그리고 수운의 영적인 중국 주유에 관련된 탐방을 하다가, 2018년 이제 중국 10대 명의 탐방으로 전환하게 되었다.

작약꽃과 약초밭 풍경을 바라보며 고제위화대교, 노탑파교, 양류촌, 대고현, 석광촌교, 상촌구교, 임하교를 지나 11시쯤 전욱제곡릉 입구에 도착했다. 기념품점에서 제곡릉 자료와 임씨 관련된 기념품을 샀다. 이곳에서는 각성(各姓)의 시조 그림을 모두 액자로 만들어 팔고 있었다. 백 개의 성을 나열한 백가성(百家姓)도 하나의 문화로 동근(同根)이라 강조하고 있었다. 여기에서 산 책 내용 중 중국 내 임씨의 역사를 확인해보니, 전국시대 조(趙)나라 재상 임호가 하북성 고성현 서북 구룡(九龍)으로 옮겨갔고, 진(秦)나라에 의해 조나라가 멸망할 때 임씨들이 산동(山東)으로 이전했으며, 서한(西漢) 한경제 때 제남(濟南)으로 이주했다. 그리고 동한(東漢) 광무제(光武帝) 말 남천(南遷)하여 강소(江蘇), 절강(浙江), 복건(福建)으로 이주했다고 되어 있다.

꽃빵, 화막, 대형 화막

그동안 꽃빵의 의미를 잘 몰랐었다. 중국요리집에서 꽃빵이 나오면 얇게 뜯어내어 잡채 같은 것을 싸서 먹을 줄만 알았다. 지난번 성신여대 한국어학당의 옛 제자 뇌단과 함께 섬서성 서안의 진시황릉을 다시 갔는데, 제자가 할아버지가 돌아가셨을 때 사용한 화막(花饃)이라며 특이한 꽃빵 사진을 보여주었다. 잔치에는 화려한 색, 추모에는 수수한 색의 꽃빵을 쓴다고 한다.

한국은 확실히 벼농사 문화가 지배적이어서 떡 문화가 발달한 것 같다. 중국에서 양쯔강[長江] 이남 지역인 호남성과 절강성 지역을 여행할 때 벼

전욱제곡릉에서 본 대형 화막

농사 짓는 것을 보긴 봤다. 그러나 하북성, 하남성, 섬서성, 산서성에서는 밀밭이 대부분이고, 그에 따라 밀을 위주로 한 식문화가 발달한 것 같다. 밀가루로 만든 예술품인 면소예술(面塑藝術)이 우리의 무형문화유산에 해당되는 비물질문화유산(非物質文化遺産)으로 지정되어 있기도 하다.

어쨌든 옛 제자를 통해 화막이라는 꽃빵을 알게 되었는데, 제곡릉에서 신의 소상 높이의 대형 화막을 처음 보게 되었다. 전욱제곡릉에서 면소예술의 기원이 비롯된 것인지? 제사 형식, 능의 양식이 다르고, 산 자체가 산릉(山陵)이라 해야 할지? 전욱을 모셔놓은 신전에서 한 중국인 할머니가 음송증 환자처럼 뭔가 중얼거린다.

수운 최제우가 만난 신화적 인물들

소호 금천씨

목적지 산동성 곡부시 소호릉

경로   석가장 하북과기대학 → 헤이처로 석가장북역 이동 → 기차로 산동성 추성역 이동 → 택
       시로 소호릉까지 이동 및 관람 → 택시로 추성역 복귀 → 추성역에서 석가장북역 이동 →
       귀가

일시   2018년 8월 31일~9월 1일(무박 2일)

친절한 헤이처 아저씨

하북성에 있는 석가장은, 북쪽으로는 북경이 있고, 동쪽으로는 산동성
이, 남쪽으로는 하남성이, 서쪽으로는 산서성이 자리하고 있는 교통의 요
충지다. 그래서 산동성, 하남성, 산서성의 가까운 여행지는 당일치기가 가
능하다. 물론 기차 노선에 따라 다르겠지만. 곡부시의 소호릉(少昊陵)은 삼
황오제 중 한 명인 소호씨의 능이 있는 곳으로, 산동성 추성역에서 당일치
기로 갈 수 있다.

그러나 석가장북역에서 출발 시간이 4시 50분이라 대중교통을 이용하
기에는 모험이 따른다. 그래서 한국 사람들이 단골로 이용하는 헤이처[黑
車] 기사 아저씨를 이용하면 편리하다. 한국식으로 말하면 불법 영업 승용
차인데, 하북과기대학 드넓은 캠퍼스 안까지 자가용처럼 편리하게 들어올
수 있고, 운임도 비싸지 않고, 중국인 기사 아저씨가 착한 분이기에, 우리
한국인들은 단골로 이 아저씨의 헤이처를 이용하곤 했다. 웨이신으로 미
리 연락해 학교 서문 앞까지 오시게 했다.

하북성의 성도인 석가장에서 주로 이용하는 기차역은 두 개다. 하나는

석가장역인데 주로 고속철도와 일반 기차를 이용할 수 있고, 다른 하나는 석가장북역이다. 석가장역은 비교적 최근에 세워져 역사가 크고 깨끗한 편이고, 석가장북역은 아주 오래되었는지 대합실이 좁을 뿐만 아니라, 일반 기차만 있어 불편하다.

가도 가도 옥수수밭

가는 길에 자요역(磁窯站)에서 기차가 멈추었다. 기차가 엉뚱한 데서 정차하면 연착이 되곤 하는데, 그런 경우 거의 공포로 다가온다. 강서성(江西省)의 도연명기념관에 갔다 올 때, 철로 위에서 꼬박 8시간을 정차한 적이 있었고, 그것도 모자라 다시 회차하며 원래 출발했던 구강역(九江站)으로 돌아갔었다. 중국어도 못하지 일정도 빡빡하지, 그러니 여행 중에는 항상 마음을 비우는 연습을 해야 한다. 목적지에 못 갈 수도 있고, 갈 곳이 두 군데인 경우엔 그중 한 곳만 선택해서 여행을 해도 된다고 마음을 비우곤 한다. 다행히 이번엔 30분 정도 정차했다가 출발했다.

영화 〈붉은 수수밭〉처럼 광활하게 펼쳐진 대지에, 가도가도 옥수수밭이다. 하북성과 그 근교의 성에서는 벼논을 본 적이 한 번도 없다. 드넓은 대지와 평야에 주로 심겨진 작물은, 봄에는 밀, 가을에는 옥수수이다.

오래된 측백나무들이 지키는 소호릉

추성역에 내려서 택시를 타고 행정상으로는 공자의 고향인 곡부시 경내에 있는 소호릉에 도착했다. 작은 전시실에는 불이 꺼져 있었다. 중국에서 경험한 바, 관람객이 없으면 불을 꺼놓는 경우가 종종 있다. 그럴 때면 불을 켜고 보고 나서, 다시 불을 끄면 된다.

소호릉은 정말로 볼 게 거의 없었다. 중국 인터넷에서 찾아봤던 능과 작

소호릉

소호씨

은 전시실 주변에 둘러 심은 측백나무 314 그루 말고는. 한편 중국 사람들은 종합시켜 정리하는 것은 잘해, 소호씨와 삼황오제를 같이 정리해서 붙여놓은 것은 인상적이었다. 소호[9]는 중국 태고 때에 있었다는 전설상의 임금으로 천하를 다스리게 되었으므로 호를 금천씨(金天氏)라고 부른다. 가을을 다스리는 신으로 알려져 있다.

다시 대절한 택시를 타고 추성역으로 돌아갔다. 언제였던가, 내가 한국 사람인 것을 알게 된 젊은 중국 여성이 한국 돈을 궁금해하며 중국 돈과 바꾸자고 해서 바꿔준 적이 있었다. 그래서 한국에 갔을 때 천 원권을 많이 준비해 와서, 여행길에 만나는 사람들에게 기념으로 드리곤 하는데, 이 기사님께도 천 원짜리 지폐를 기념품 삼아 드렸다.

---

9   少昊 百科名片(前2598~前2525) : 相传少昊是黄帝之子, 是远古时羲和部落的后裔, 华夏部落联盟的首领, 同时也是东夷族的首领. 中国五帝之一, 中国嬴姓及其秦, 徐, 黄, 江, 李等数百个姓氏的始祖.

금자학법 6 — 좁은 여백 활용 학법

맹자의 고향을 탐방하면서 이용하게 된 추성역은 창문 아래 좁은 여백마다 『맹자』의 말씀을 모두 부착해놓았다. 또 절강성 항주 엄자릉조대 매표소 내 좁은 벽에 10대 명화 중 하나인 〈부춘산거도〉를 붙여놓았다. 그래서 좁은 여백도 늘 유심히 보는 게 습관이 되었고 또 어떤 공부가 있을까 늘 생각하게 되었다. 이름하여 좁은 여백 활용 학법이라 할 수 있겠다.

추성역 창문 아래 여백에 붙은
맹자 경구

산서성 태원무숙공항 화장실 위 벽면 위
좁은 여백에 그린 〈영락궁〉 벽화

절강성 항주 엄자릉조대 매표소 위 좁은 벽면에
붙어 있는 10대 명화 중 하나인 〈부춘산거도〉

하북성도서관의 좁은 여백에 붙어 있는
하북 명인 부조물

태평성대를 이룬 요 임금

목적지 산서성 임분 요묘
경로   석가장 하북과기대학 → 버스로 석가장북역 이동 → 기차로 산서성 태원남역 이동하여 임
       분행 환승 → 임분역 하차 → 버스로 요묘까지 이동 및 관람 → 다음 날 여행사 일행과 호
       구폭포 관람 → 임분시 홍동대괴수 이동 및 관람 → 임분서역 이동하여 기차로 태원남역
       이동 → 석가장행 기차 환승 → 석가장역 하차하여 귀가
일시   2016년 4월 2일~4일(1박, 무박 2일)

가장 일찍 떠나는 여행길

인생에는 한 치 앞을 알 수 없는 일들이 많이 발생하지만 여행에서도 예상 외의 흑기사를 많이 만나게 된다. 나의 흑기사, 나의 숨은 신의 시작과 끝, 그 시간들 사이에서, 거시적 시간 속에 작은 미세한 시간이 끼어들며, 다양한 무늬와 색채를 창출하는 게 인생이 아닌가 한다. 며칠 사이에 급변하는 학교 현실이 있었다. 까마귀 날자 배 떨어지나, 관(觀)과 세계(世界)가 모두 다르므로, 자기 스타일대로 자기 길을 가면 될 뿐이다.

새벽같이 출발해야 하므로 좋아하는 텔레비전 프로그램 〈중국시사대회(中國詩詞大會)〉도 안 보고 일찍 잤다. 다음 날 새벽 2시 반에 일어나, 간단한 요기를 하고, 3시 반 기숙사를 출발했다. 지금까지 여행해본 것 중에서 최고로 일찍 떠나는 시간 같다. 처음 한국어 강사로 중국에 와서 만리장성 여행을 갈 때도 새벽 5시에 출발했었는데. 새벽이지만 하북과기대학 캠퍼스 내의 익숙한 길이라 걸어가기는 괜찮았다. 숙소에서 나와 새벽의 대기 속에서 중앙 가로수길인 중국이동통신 앞을 걷다가, 도서관 앞 이월란(二月蘭) 평원을 한 컷 촬영했다. 보랏빛 꽃 색깔은 잘 나오지 않았지만.

이월란, 이 꽃은 중국에 와서 처음 본 꽃이며 하북과기대학 도서관 앞의 이월란 풍경은 장관이다.

하북과기대학 서문에서 석가장북역까지, 남초객운참에서 75번 시내버스를 타고 기차표를 미리 바꿔 왔다. 우리가 탈 열차는 상해에서 내몽고 호화호트까지 가는 것이다. 청명절(淸明節) 연휴라서 고향에들 가는지 기차는 정말 만원이었고, 여기저기 서 있는 입석 승객도 많았다. 차내에서 담배를 피우는 사람들, 드라마를 보는 사람들, 이런 거에 익숙한지 접이의자를 가지고 와 앉은 사람들이 장사진을 쳤다. 새벽이라 창밖 풍경도 볼수 없다.

2시간 반 후 태원남역에 도착할 때쯤, 이미 아침이 되어 밖은 환해졌다. 2016년 1월, 혼자 산서박물관에 왔을 때 와봤던 역이다. 두 번째로 온 태원남역에서 택시를 타고 태원역으로 갔다. 검표를 하고, 대합실에서 간단한 요기를 하고, 가져온 믹스커피를 한 잔 하고, 임분(臨汾)행 기차를 탔다.

처음으로 침대차를 타본 게 이때다. 침대차에 타려면 원래 기차표와 플라스틱으로 된 카드로 된 기차표를 바꿔주고, 침대칸 기차에서 하차할 때, 다시 원래 기차표로 바꿔준다. 한 칸에 6명, 3층 침대로 되어 있고 양쪽이 마주 보게 되어 있다. 창밖 풍경을 보려다, 새벽 2시 반에 일어나 너무 피곤했기에 그냥 자기로 했다. 거의 4시간을 가야 하니, 그렇게 자면서 가다

수운 최제우가 만난 신화적 인물들

가, 잠깐 화장실 가려고 일어났다. 좁은 통로를 빠져나가야 했다. 잠시 침대 앞 작은 접이식 의자와 좁은 식탁판에 팔을 기대고 창밖 풍경을 바라봤다. 푸르른 잎이 나온 버드나무와 가로수를 보니 석가장보다는 덜 따뜻한 지역인 것 같다. 석가장은 중춘(仲春)에서 만춘(晚春)으로 넘어가는데 이곳은 이른 봄 느낌이다.

이번 여행은 모두 A선생이 기획했다. 임분은 한국 인터넷을 검색해도 별로 나오는 게 없어, A선생만 쫓아다니기로 했다. A선생이 요묘(堯廟), 대괴수(大槐樹), 소삼감옥(蘇三監獄) 등에 대해 이야기했지만 아는 게 별로 없었다.

민초들의 원통함이 서린 대괴수 전설

예전에 성신여대 한국어학당에 유학 왔던 중국 학생이 제출한 리포트에서, 명조(明朝) 주원장(朱元璋)이 중국의 각 지역을 정복하면서 그 주민들을 강제로 이동시키고, 살던 지역에서 쫓겨나게 된 백성들이 큰 회화나무 밑에 모여 많이 울었다는 전설을 읽어본 적이 있다. 그 학생은 산동대학에서 온 교환학생이었으므로 대괴수 전설이 있는 지역이 산동인 줄 알았는데, 이제 보니 산서의 홍동(洪洞) 지역 전설이었다.

그러한 대괴수도 한번 볼 만하다고 전혀 예상하지 못한 여행 팁이었다. 임분시 홍동 지역도 처음 들어봤기에. 한잠을 더 자고 일어나니 적주역(翟州站) 간판이 보였다. 이제 더 자면 안 되는 시간이라 눈을 떴다. A선생네도 일어나 컵라면을 먹고 있고, 나는 바나나로 점심을 때웠다. 드디어 도착한 임분역 밖으로 나왔다.

역의 규모는 그렇게 크지 않았다. 역 주변에는 여행사가 많고, 전광판과 안내문들이 거의 호구폭포 광고로 도배되어 있다. 이곳의 주 관광지는 호구폭포였다. A선생은 세 곳의 여행사를 알아봐서, 숙소와 단체여행 일정을 여행사 추천에 맡기고, 다음 날 7시 출발로 일정을 잡았다. 여관에 들어가 짐을 풀고, 오후에 시내를 돌기로 했다. 모든 것이 300원으로 정해졌다. 여행사 여직원이 우리가 한국 사람인 것을 알고, 한국 지폐를 바꿔달라고 했다. 지갑에 있던 한국 돈 천 원권을 바꿔주었다. 방은 2인실로 잡고, 짐을 풀고, 여행사에서 알려준 대로 3번 시내버스를 타고 요묘에 갔다.

요묘, 요 임금의 사당

아무 사전 정보가 없었기에 말 그대로 요묘라니, 무슨 묘지일까? 궁금

요 임금

해하는 그 정도였다. 그런데 그곳에 커다란 세계가 있었다. 화하문명의 시조 요(堯) 임금 사당이 요묘였던 것이다. 원래 요 임금 관련해서는 강구연월(康衢煙月)과 〈격앙가(擊壤歌)〉, 그리고 이상정치의 상징, 요순 시절이라는 관용어 정도만 알고 있었다.

요[10]는 근검과 절약, 그리고 소박한 성품으로 인해 후에 사람들로부터 가장 이상적인 국왕으로 추앙받은 인물이다. 그는 백성을 사랑하는 열성이 유달리 강했다. 일설에 의하면 백성 중에

---

10 堯 : 姓伊祁, 名放勋, 史称唐尧. 公元前 2377, 在唐地伊祁山诞生, 随其母在庆都山一带度过幼年生活. 15岁时在唐县封山下受封为唐侯. 20岁时, 其兄帝挚为形势所迫让位于他, 成为我国原始社会末期的部落联盟长. 他践帝位后, 复封其兄挚于唐地为唐侯, 他也在唐县伏城一带建第一个都城, 以后因水患逐渐西迁山西, 定都平阳. 唐尧在帝位70年, 90岁禅让于舜, 118岁时去世.

수운 최제우가 만난 신화적 인물들

끼니를 잇지 못하는 자나 옷을 입지 못하는 자, 그리고 잘못을 범한 자라도 있으면 그는 입버릇처럼 중얼거렸다고 한다. 요는 백성의 모든 잘못을 자신의 책임으로 돌렸기 때문에 그가 통치하던 백 년 동안 한발과 홍수가 수없이 닥쳤어도 그를 원망하는 자가 아무도 없을 정도였다"고 한다.

내가 중국에 온 이유는 『동경대전』과 『용담유사』 속 중국 인물 탐방 때문이다. 그런데 중국어가 안 되니, 동학 텍스트상의 중국 인물 탐방은 그만두고, 중국 문화 탐방만 계속 하고 있었다. 그런데 우연히 요 임금 사당을 탐방하게 된 것이다. 중국은 특히 고대 문명 유물이 없어도 크게 뻥튀기하는 재주가 뛰어났다.

요묘의 입구 천장 바로 아래 그려진 그림들, 최근 이름을 알게 된 고사화(故事畵)도 만났다. 고사화란 역사적 스토리를 한 장으로 압축시켜 그리는 역사화이다. 큰 종인 요종(堯鐘) 위에도 고사화를 부조물로 만들었다. 이 종을 치는 데 1원씩 내야 해서, 3원을 내고 세 번 쳤다. 그리고 요 임금 상, 요 임금 부부상이 있는 전각, 부부가 나오기에 침궁(寢宮)이라 쓰여 있었다.

요전벽, '요' 자의 회랑

중국의 학습 재능 전승과 명명(命名) 상징이 복합된 뻥튀기 능력이 강하게 다가왔다. 긴 회랑벽에 무엇인가 가득 채워놓는 방식은, 은허박물관에서 본 갑골문자가 그랬고, 중국 텔레비전에서 본 장중경(張仲景) 사당에서도 고대 명의를 긴 회랑에 조성해놓은 것을 봤었다. 방식은 똑같은데, 요 임금 스토리를 부조물로 그림으로 한 장식 그 이야기를 제목과 함께 꾸몄

---

11 원가, 『중국의 고대신화』, 정석원 역, 문예출판사, 1989, 173쪽.

고, 『상서(尙書)』에 나오는 요 임금 관련 전고를 고서 스타일로 부조화해놓았다.

금자학법 7 ― 회랑 학법

요묘에서는 요 임금 관련 전고를 긴 회랑 벽에 고서 스타일로 부조화해놓았다. 회랑은 여러 문화 양식의 종합 전시관이라 할 수 있다. 이 회랑을 통해 중국 문화의 축적된 양상과 전시 패턴을 알 수 있었다. 이름하여 회랑 학법이라 할 수 있겠다.

요묘의 요자벽 회랑   은허박물관의 갑골문자가 부착된 회랑

금자학법 8 ― 부채 학법

부채로도 중국의 역사문화 양상을 많이 접할 수 있다. 100명의 황제가 그려진 부채한 개로 중국 역대 왕의 이름을 알게 되기도 했다. 이름하여 부채 학법이다.

왼쪽 : 100명의 황제가 그려진 부채
오른쪽 : 청명상하원에서 산 〈청명상하도〉 그림 부채

요 임금을 찬양한 중국 역사상의 왕들과 정치가들의 칭송사도 모두 뽑아 부조로 만들어놓았다. 200미터도 넘는 길이의 회랑은 이름하여 요전벽(堯典壁)이었다. 한마디로 요 임금이 나오는 전고(典故)를 모두 새겨놓은 것이다. 그리고 중심 전각 반대편 회랑에는, 요 임금의 요(堯) 자를 천 개도 넘게 부조화해놓은 요자벽(堯字壁)이 있었다. 요 자에 담긴 수많은 서법가의 다양한 서체와 필체와 그 기운이 200미터도 넘는 길이 회랑에 새겨진 것 그 자체가 요 자 예술이라 할 수 있다.

춘련거리 축제 때 본 복 복(福) 자, 그리고 하북박물관에서 본 용 룡(龍) 자 100여 자 등. 같은 의미의 글자를 여러 필체로 보여주는 중국인의 자화(字畵) 예술도 신기한데, 이번 요자벽에는 천 개도 넘는 요 자가 새겨졌다.

요자벽을 통해 요 임금의 이상혼을 만난 것 같다. 이 모든 것이 이번 여행의 정말 흑기사며 히든 갓이다. 요 임금 사당을 다 관람한 뒤 들어간 어설픈 기념품 가게에서 요 임금 청동 조소상 몇 개가 눈길을 끌었다. 값을 전혀 깎아주지 않았지만, 이곳에 기념품을 사기 위해 다시 올 일이 없기에, 작은 요 임금 청동 조소상을 샀다. 요 임금 사당 밖에는 화하자손(華夏子孫)이라며 백가성(百家姓)이 아닌 천가성(千家姓)을 긴 벽에 모두 조성해놓고, 동근(同根), 같은 뿌리라 써놓았다. 그리고 그 앞에 중국 전체 지도를 조형물로 산, 성, 하천 중심으로 조성해놓고, 용주(龍柱)를 가운데 세워놓았다.

하루 일정이 빡빡하지는 않지만, 워낙 새벽에 일어나 에너지가 소진되어가 저녁을 먹고, 일찍 임분역 앞 여관으로 들어가기로 했다. 여행사 직원이 추천한 뉘로우환즈미엔[牛肉丸子面]은 생각보다 맵고 짜고 국수도 덜 익어 조금만 먹었다. 식당에서 우연히 만난 두 중국 청년으로부터 임분 8대 명물 중의 하나이자 길현(吉縣) 호구폭포의 사과가 유명하다는 이야기와, 임분에 한국 카페도 있다는 정보를 들었다. 다시 버스를 타고 여관에 들어와 침대에 누워 쉬었다. 중국에서 되도록이면 중국 문화를 많이 체험하고, 지금에 있어서는 많은 중국어 단어 알기가 주 코드일 뿐임이 재확인되었다.

금자학법 9 — 군왕 학법

중국은 왕들을 불러오고 집합시키는 장면을 통해 역사 공부를 하는지 군왕을 묶어서 전시하는 게 의외로 많이 목격되었다. 원명원에서 구입한 책갈피에 들어 있는 10대 명제는 한고조 유방, 진시황 영정, 한광무제 유수, 수문제 양견, 당태종 이세민, 송태조 조광윤, 명태조 주원장, 원세조 홀필열, 측천무후 등인데, 이렇게 군왕을 묶어서 소개하는 군왕 학법은 그만큼 왕에 대한 역사를 중요하게 생각한다는 증거이다. 송창식의 노래 〈가나다라〉의 가사 "태정태세문단세 예성연중인명선 헤헤/으헤으헤으허허/쫓고 싶은 인물은 너무너무 많은데", 이것도 일종의 군왕 학법이라 할 수 있다.

10대 황제 책갈피

중국의 청명절 풍경

A선생과 같은 방에서 묵으며 이런 얘기 저런 얘기 하다가 잠이 들었다가 아침 6시에 일어났다. 창밖 거리에 이미 비가 내렸던 모양이다. 역시 어느 도시나 새벽 일찍 움직이는 사람은 거리의 청소부다.

여행사 일정에 맞춰, 23인이 한 팀이 되어 호구폭포 여행을 시작했다.

수운 최제우가 만난 신화적 인물들

버스와 봉고차 중간쯤 되는 크기의 차를 타고 고속도로를 달렸다. 날씨는 많이 흐렸다. 임분 시내를 벗어나니 가로수의 꽃들과 푸르른 밀밭을 많이 볼 수 있었다.

청명절, 한국의 한식날이다. 중국은 워낙 지형이 다양해 한국처럼 산에 있는 공동묘지는 별로 못 봤다. 묘지도 그 지역의 지형 특성에 맞춰 만들어지는 것 같다. 밀밭 사이, 숲 사이, 공터 사이, 산에는 차라리 묘소가 적었다. 하북성과 산서성 여기저기 푸르른 밀밭 사이 노란 꽃과 빨간 꽃의 화환이 작은 봉분 사이에 많이 놓여 있었다. 큰 거리에서 죽은 혼을 달래는 가짜 돈과 황금종이를 태우는 사람도 봤다. 큰 거리에서 가짜 돈을 태우며 조상의 혼을 위로하고 제를 올리는 풍속이 있다고, 성신여대 한국어학당에 유학을 온 중국 학생에게 들은 적이 있다.

두 시간을 달리는 동안 바라보이는 산에 줄무늬처럼 작은 나무들이 있고, 그리고 암벽, 또 나무들, 그리고 암벽. 산의 형세가 대부분 그랬다. 암벽 산 사이로 간간이 벚꽃인 듯 연분홍색 꽃이 많이 피어 있었다. 제일 놀라운 흑기사는 자칭 '금자학법 36'에 넣을 뻔했던 터널 학법이다. 터널 입구에 대련 문장들이 많이 석각되어 있었던 것이다. 자동차가 빠른 속도로 달렸고, 카메라는 준비되지 않았고, 봉고차 내 좌석 위치도 나빠서 사진을 전혀 찍을 수 없었다. 돌아오는 길에 잘 관찰하기로 했다.

용의 동굴에서 만난 황색 폭포의 장관

호구폭포 주변은 대형 호텔과 여기저기 관광객들 행렬들로 북적였다. 날씨는 계속 흐렸다. 단체 여행을 따라오면 그냥 따라가면 된다. 그래서 편한 점이 있었다. 표를 받고 다시 버스로 5분 이동, 검표구로 들어갔다. 황색의 호구폭포 관련 사진이 여기저기 많이 걸려 있고, 〈황하대합창(黃河

大合唱〉 악보 사진도 붙어 있었다. 가이드는 호구폭포를 충분히 구경하고, 관광버스로 12시 반까지 돌아오라고 했다.

눈 앞에 바로 마주 보이는 산은 검은빛이 감도는 줄무늬 암산이었다. 입구쯤 들어올 때 강택민(江澤民) 서체의 '황하 호구폭포'가 빨간색의 대형 글씨로 산 중간에 새겨져 있었다. 수많은 사람들이 몰려 여기저기 있지만, 특별한 납작판처럼 생긴 바위가 하상(河上) 위로 다 드러나 있고, 황토도 지상으로 아주 많이 드러나 있다. 어느 한쪽에 하얀 물보라처럼 보이는 곳이 있어, 거기인가 추측해보며, 앞사람들을 그냥 따라갔다. 가까이 가보니 낮은 하상에서 황하물이 모여 좁은 주둥이처럼 급류로 변환하여, 주전자 속처럼 움푹 파진 곳으로, 황토색의 물이 계속 하염없이 쉬지 않고 물길을 움직였다. 황토색의 물과 흰 물보라, 급류의 소용돌이와 바위 사이 작은 실줄기 같은 물살, 탄성을 지르는 사람들, 모두 사진 찍기에 바쁘다. 또 여기저기 말을 타며 관광하는 사람들, 화려한 꽃무늬의 민속의상을 입고 말을 타고 한 바퀴 도는 말꾼만 해도 열 명은 넘는 것 같다.

용동(龍洞), 용의 동굴이란 명명과 상징이 결합된 중국 사람들의 이미지 상술이 첫 번째로 느껴졌다. 이미 90원 입장권인 문표를 내고 들어와도, 또 하나 구경하려면 20원을 별도로 내야 한다. 추가 요금을 내고, 와선형의 좁은 계단을 조심조심 내려갔다. 물기운이 잔뜩 낀 용의 동굴. 결국 이 호구폭포를 더 가까이 보게 만들어놓은 중국인들의 관광 상술이 더 대단하고 값도 제대로 한다고 생각되었다.

시간이 부족해 아쉬움을 남겨둔 채 용동을 나왔다. 용동 두 글자 뒤 바위에는 천하제일동(天下第一洞)이라 써놓았다. 더 위쪽에서, 더 아래쪽에서, 각도를 달리하며, 동영상을 찍고, 사진을 찍으며, 세계 최대의 황색 폭포 장관을 만끽했다. 하상에 드러난 황토를 한번 만져보니 밀가루만큼이

수운 최제우가 만난 신화적 인물들

나 미세하고 부드러웠다. 정해진 시간이 짧아서 아쉬움을 달래며 그곳에서 발길을 떼었다. 먹거리시장에서 작은 소어(小魚) 튀김 뼈째로 다 먹는 것과 구운 빵을 사서 점심으로 때우고, 사과 열 개 한 봉지를 샀다. 길현의 명물인 사과다. 그리고 관광버스를 타고 다시 임분으로 돌아왔다.

터널 입구에 새겨진 순자와 위청

달리는 봉고차에서 올 때와는 반대쪽 풍경을 볼 수 있었다. 줄무늬 암산, 푸르른 밀밭 사이 빨간 꽃과 노란 꽃의 화환을 바친 성묘의 흔적들, 여기저기 벚꽃 등은 갈 때와 똑같았다. 오다가 놓친 터널을 유심히 관찰했다. 터널 주변에 새겨진 순자(荀子)는 알겠지만, 위청(衛靑)이란 인물은 처음 들어본다.

터널 입구 벽에는 그리고 인물 부조상까지 있었다. 이 산서성 임분에서 길현 호구폭포에 오가는 고속도로에서 처음 보게 되었다. 황토 고원의 집 요동(窯洞)도 몇 채 봤다. 산서성 여행에서 몇 번 스쳐간 풍경이다. 그리고 운구산(云丘山)이란 광고가 계속 나왔다. 큰 지상 위, 기둥 사이, 기둥 아래 공터, 공동묘지 조성 그리고 거기에 운구산이 써 있다. 북망산과 비슷한가. 푸르른 밀밭 위 빨간 꽃과 노란 꽃의 화환은 대지의 영혼과 함께하는 조상님께 자손들이 꽃을 바치는 의식이라는 생각이 들었다.

두 시간 만에 린펀으로 돌아왔다. 그리고 기차 시간까지는 시간이 있어 원래 계획대로, 홍동대괴수(洪洞大槐樹)를 보러 갔다.

족보 전시장을 둘러보며

택시를 타고 30분 이상 달려 도착한 곳은 임분시 근교 홍동대괴수심근제조원(洪洞大槐樹深根祭祖園)이다. 청명절 즈음이라 대축제를 하고 있어,

사람도 많고 상인도 많고 무엇이든 많고 흥청거렸다. 입구에 대괴수 조형물을 조형화해놓았다. 많은 중국의 중고등학생들이 민속의상을 입고 황기, 홍기 등을 들고 대기하고 있었다. 축제장에도 빨간 천 위에 많은 사람들이 앉아 있었다.

우리는 부지런히 보는 게 목적이어서 주마간산처럼 스쳐갔다. 보려는 건 오직 대괴수 한 그루였다. 그런데 이민정책전시관이 따로 있어, 명나라의 주원장(朱元璋)과 그곳에 관련된 사람들의 역사와 대괴수 유래를 조형물로 만들어놓아 다시 확인할 수 있었다. 안쪽 벽 전시 유물들 중 특별한 것은 별로 없고, 마지막 책들을 전시한 곳에 족보들과 현지(縣志)가 있었다. 인상여(藺相如)의 『인씨(藺氏) 족보』와 안씨가훈(顏氏家訓) 저자의 『안씨(顏氏) 족보』, 여기 족보는 책자도 정말 다양하게 현대화되어 있다. 지난번 중국 텔레비전에서 본, 인물 판화까지 넣어 만든 『이씨 족보』가 떠올랐다.

길현 명물인 사과를 씻어 하나씩 먹었는데, 크기는 작지만 한국의 부사 맛과 비슷해 아주 좋았다. 한쪽 복숭아꽃이 잔뜩 핀 곳을 도원(桃园)이라 써놓았고, 거기에도 인물 조소상을 만들어놓았는데, 요 임금 조소상에 이어 순 임금 조소상도 만나게 되었다. 복희와 여와 조소상도 함께.

한국의 민속촌과 같은 곳을 민족촌(民族村)이라 했는데, 이곳에는 옛날 부엌, 옛날 농기구, 긴 톱을 걸어놓았다. 한쪽에서 특별 간식인 생강엿을 팔고 있어 두 봉지를 샀다. 한 바퀴 돌고 동근(同根)이란 대형 글씨 앞에서 사진을 한 컷 찍었다.

기차역 대합실에서도 만날 수 있는 요 임금

택시를 타고 임분서역으로 왔다. 표를 모두 바꾸고 개찰을 하고 대합실에서 저녁을 때웠다. 석가장으로 돌아가는 열차편은 모두 좋은 편이다. 임

유수화(느릅나무 꽃)

분서역 내부에는 요 임금 관련 고사화를 크게 조성해놓아 아주 인상적이었다. 임분을 빛낸 요 임금에 대해, 따로 박물관에 가지 않아도 역을 이용하는 모든 사람은 쉽게 접할 수 있도록 잘 만들어놓았다 싶었다.

열차 안 뒷좌석에서 한 중국인 할머니와 어린 손녀가 푸른 꽃잎 같은 것에서 밤색 작은 알갱이 같은 것을 떼어내고 있다. 이름을 물어보니, 유수화(榆树花)라고 수첩에 한자로 써주셨다. 먹는 거라 한다. 나중에 알고 보니 느릅나무 꽃이었다. 홍동대괴수 앞 시장에서 포공영(蒲公英)이라 써놓고 민들레를 생으로 팔고 있는 것도 봤다. 유수화와 포공령이란 중국어를 만난 것이다. 호구폭포를 보러 갔는데, 요 임금도 만나고 순 임금도 만나고 터널 학법도 만나고 푸르른 밀밭에 크게 핀 빨간 종이꽃과 노란색 종이꽃도 만나고 대괴수도 만났다. 이 모두 흑기사며 히든갓이었다. 나에게는.

우리 일행은 18시 57분차 이등칸을 타고 1시간 반 정도 가서 태원남역에서 다시 침대열차를 탔다. 깨끗하고 승객도 별로 없어 조용했다. A선생의 두 아이들이 기차 안에서 공부를 했다. 중국의 역사 교과서를 잠깐 구경하니, 중학교 역사책에 이백(李白), 두보(杜甫), 위징(魏徵), 악비(岳飛), 사대기서(四大奇書), 조주교(趙州橋) 등이 언급되어 있었다. 이미 가본 곳이 많았다. 두 아이에게 결국 역사는 현장 답사가 중요하다고 이야기해주었다.

금자학법 10 — 지역 명인 부각 학법

임분서역 구내에 요 임금 그림이 전시되어 있었다. 대합실이나 유적지 근처 벽을 활용하여 지역 명인을 부각시키는, 지역 명인 부각 학법이다. 우리나라에도 성북천에는 성북구 지역 인물인 이쾌대 화가와 박완서 작가 벽화가 있고, 한성대입구역에는 염상섭, 이태준, 조지훈이 소개되어 있다. 이것도 지역 명인 부각 학법이다.

임분서역 대합실에 있는 요 임금 관련 그림   이쾌대, 박완서를 소개하는 성북천변의 벽화

금자학법 11 — 캠퍼스 문장 학법

하북과기대학 캠퍼스에 이백, 유협 등의 문장을 새긴 문장판을 설치하게 한 리더가 누구일까. 궁금하다. 이 문장판을 통해 많은 명언을 알게 되었다. 경희대학교 캠퍼스에도 '생각하는 자 천하를 얻는다'는 문장판이 있다. 이런 것을 캠퍼스 문장 학법이라 할 수 있겠다.

하북과기대학 캠퍼스에서 볼 수 있는 자사의 문장   경희대학교 캠퍼스 문장판

덕으로 왕이 된 순 임금

목적지 산서성 운성 순제릉

경로 석가장 하북과기대학 → 석가장역에서 기차로 산서성 운성북역 이동 → 택시로 염호 및
      관제묘까지 이동 및 관람 → 봉고차 합승하여 영제시로 이동, 1박 → 버스로 관작루까지
      이동 및 관람 → 택시로 순제릉까지 이동 및 관람 → 택시로 운성북역 이동 → 기차로 석
      가장역 이동 → 귀가

일시 2016년 5월 7일~8일(1박 2일)

다시 산서성으로

중국에서 살다 보면 한국에서는 깊이 감지하지 못했던 여러 가지를 감
지하게 된다. 나를 둘러싼 세계, 우주, 현장이 다르니 삶을 바라보는 시선
과 관점도 달라지기 때문이다. 바로 지금의 현실이 풍어 대어 지역 한복판
이고, 조금만 어딘가로 멀리 떠나면, 또 다른 고대 역사의 세계를 만나게
되기 때문이다. 이번 여행도 그런 미지의 보물섬을 찾아, 산서성 운성(運
城)과 영제로 떠나는 여행이다.

A선생과 같이 여행 경로를 기획하고 인터넷으로 찾아보았다. A선생, 그
리고 두 아이들과 함께 1박 2일 여정, 운성에서 관제묘와 순제릉, 최대 내
륙호인 염호(鹽湖)를 둘러보는 것이 일정이었다. 그리고 시간 여하에 따라
당시(唐詩) 배경지인 관작루, 또는 사마광(司馬光)의 고향도 경로에 포함시
킬 수 있다. 그러나 가장 핵심은 순제릉(舜帝陵)이었다. 지난번 요 임금 사
당인 요묘(堯廟)를 다녀왔으니, 순 임금 사당을 갔다 오면 요와 순이 한 짝
이 되어 여행이 완성되고, 『동경대전』 관련 중국 인물 관련 지역에 갔다 온
다는 의미를 부여할 수 있겠다. 호구폭포 여행 때처럼, 이번에는 또 예측

하지 못한 어떤 보물들을 만날까 하는 생각을 하며 여행을 떠났다.

산서성 여행은 이번이 네 번째다. 작년 평요고성(平遙古城) 여행, 겨울 산서박물관 여행, 지난번 임분의 호구폭포 여행, 그리고 이번 운성 여행. 세 사람 자리가 나란히 붙어 있는 좌석에 두 젊은 남녀가 앉아 노트북으로 영화를 보고 있었다. 그들이 창문 쪽 자리를 선점하고 있어, 내가 좋아하는 풍경과 차창 밖으로 만나는 특별한 장면들의 사진을 전혀 찍을 수 없었다.

평요고성역에 이르니 승객들이 많이 내려서 드디어 창가의 자리에 널찍하게 앉을 수 있게 되었다. 옆좌석의 젊은이들뿐만 아니라, 서양 사람 일군도 이 평요고성 여행을 가는지, 이 역에서 많이 내렸다. 대기가 뿌옇고 날씨가 잔뜩 찌푸렸다.

산서성은 석가장보다 서남쪽인데, 항상 석가장보다 쌀쌀한 편인 것 같다. 분홍색 회화나무 꽃(처음에는 아카시아인 줄 알았다)이 여기저기 한창이었다. 석가장에는 회화나무 꽃이 이미 져버렸는데 말이다.

적주시(霍州市)를 지났다. 드넓은 밭과 밭 사이에 마치 방풍림처럼 조성된 나무들이 차창 밖으로 스쳐 지나갔다. 비 온 뒤라서 그런지 초록색 풍경이 아주 예쁘고, 나무도 크게 잘 자란 것 같았다. 땅의 기운 때문일까. 정말 중국의 지기(地氣)는 한국과는 다른 건지, 나무들이 그렇게 클 수가 없다.

지난번 갔던 임분서역을 통과한 이후에도 계속 평야가 펼쳐졌다. 논은 볼 수 없고, 거의 밀밭이다. 청명절 때 봤던 빨강과 노랑의 큰 조화 더미의 잔해가 밭 사이에 여기저기 그대로 남아 있었다. 밭 사이 분홍색으로 만개한 함박꽃이 많이 보였다. 중의약 재료인 작약(芍藥)이라서 그런가, 어쨌든 초록색 평야 사이에 분홍색 함박꽃 밭은 특별한 느낌을 주었다.

수운 최제우가 만난 신화적 인물들

중국의 대자연은 좀 부럽다. 협곡에도 사람이 살고, 요동에도 사람이 살고, 초록색 평야에서도 사람이 산다. 어떤 면에서 보면 살기 좋아서, 산서성 지역이 초기 인류였던 요순 관련 지역이 되었는가 생각해보았다.

빗속의 염호와 관제묘

기차가 점점 운성역 가까이로 다가가는데 빗줄기가 눈에 띄게 굵어졌다. 이번 여행은 편하지 않을지도 모르겠다. 기차에서 내려 택시를 타고 먼저 중국 내륙의 최고 염호를 가기로 했다. 중국어에 능통한 A선생이 택시기사와 중국어로 대화를 나누며 30분쯤 달려 염호에 내렸다.

그곳의 인상으로 남은 건 우중의 뿌연 대기와 머드 목욕탕이 전부였다. 잠깐 둘러보고 사진도 찍었다. 중국 텔레비전에서 봤던 자주색으로 변하는 염호는 원래 기대도 하지 않았지만, 소금같이 하얀 게 염호 안 밭이나 논처럼 나뉘어진 경계인 둑 근처에 여기저기 많았다. 지금은 소금이 생산되지 않고 비누 성분인 하얀 원료를 채취해 판다고 한다.

염호 이름이 새겨진 표지석 앞에서 사진 한 컷씩만 찍고, 기다려준 택시에 다시 올라타 관제묘(關帝廟)로 향했다. 이번 여행에 앞서 인터넷 검색을 해보고 관우가 산서 상인의 재물신이 되어 민간신앙으로 자리 잡았고, 또 조조와 유비 모두에게 모두 충절을 보였기에 충절의 대표로 숭앙받아서, 긴 역사 동안 다섯 번이나 지위가 오른 끝에 결국 왕격이 되어 관제라고 불리게 되었다는 것도 알게 되었다.

관제묘는 우중에도 관광객이 아주 많았다. 관운장 사당에서도 여기저기 고사화(故事畵)가 걸려 있었다. 용신(勇神)이라 칭했기 때문일까, 안광이 쏟아지는 호랑이 그림도 함께 있다는 것이 특별했다.

그리고 중국에 와서 가본 여러 절에서 사자어구 편액을 많이 보면서 한국의 사찰과 참 다르다 했는데, 이곳 관제묘에는 지금까지 본 사자어구 편액의 경지를 모두 뛰어넘을 만큼 많은 편액이 있었다. 많은 편액 때문에 두세 가지를 생각하게 되었다.

첫째, 수많은 명필가들을 계속 길러내고 이어가는 전통이 될 수 있다는 것이다. 이 많은 편액은 많은 명필가들이 있어야 가능했고, 또 후대 명필가를 꿈꾸는 사람들에게 많은 꿈과 전범을 줄 수 있다.

둘째, 사자어구 편액에 쓰여 있는 어구가 어려운 내용이라서 모르는 것이 많지만, 적어도 그것을 보는 중국인들의 눈과 마음에 그 내용과 의미가 새겨질 수 있다는 점이다.

셋째, 이미 넓은 사당인데 어느 공간 여백 하나 이용하지 않는 게 없어서, 공간 활용의 새 전범이 된다는 점이다. 한국식으로 말하면 건물 밖, 처마 아래, 처마 안쪽과 바깥쪽, 대들보 외부, 서까래, 통로 위 천장, 건물 동쪽 서쪽 남쪽 북쪽, 붙일 수 있는 곳에는 모두 사자어구 편액이 붙어 있다. 적어도 이 관제사당을 중심으로, 서법에 관련되어서만 일석삼조(一石三鳥)가 융합되어 특별한 의미를 던져주었다.

오랜 역사, 훌륭한 의미, 서법 예술, 그 전통이 현재에까지 이어지며 많은 사람들에게 우중에서도 감응되지 않을까. 인간의 전통에 어우러진 자연의 역사와 힘도 느껴졌다. 관제묘 측백의 수령은 800년이었다. 800살 측백의 수목신이 관제사당에 융합된 서법 문화와 함께 춘(春)과 추(秋)를 지내온 것이다.

회랑 문화도 한국과 다르다. 임분의 요 임금 사당에서 요전벽(堯典壁), 요자벽(堯字壁)을 보고 깜짝 놀랐는데, 여기에서는 〈백룡도(百龍圖)〉 그림을 보고 또 깜짝 놀랐다. 용 룡(龍) 자 100개의 서체를 전시한 것을 하북박물관에서 본 적이 있지만, 용의 그림 백 개를 회랑에 쭉 그려놓았다는 것은 특별했다. 물론 그 그림 위에 사자어구 편액도 여러 개 걸려 있었다.

사당 밖으로 나왔으나, 비는 계속 내리고 있었다. 관운장 관련 조소상만 해도 크고 작은 것이 얼마나 많은지, 관운장 자체만으로 하나의 거대 예술 코드가 되어 있었다.

금자학법 12 — 편액 학법

석가장 근교 정딩에 있는 사찰 대불사에 처음 갔을 때 사자어구를 쓴 편액이 여러 개 있어서 좀 놀라웠다. 그런데 관제묘의 처마 밑, 서까래 위, 처마 위에 부착되어 있는 편액은 아마 50개쯤 될 것 같다. 편액 내용 중 몇 개를 소개하면 충의천추(忠義千秋), 택혜만민(澤惠萬民), 건곤정기(乾坤正氣) 등이다. 편액을 통해 많은 것을 알게 되어 이것도 한 학습법이라 할 수 있겠다.

관제묘의 사자어구 편액들   무후사의 제갈량 관련 사자어구 편액들

영제시 빈관의 허름한 방에서

다음 코스는 영제시에 있는 관작루(鸛雀樓)였다. 정류장에서 버스를 기다리면서 A선생은 젊은 중국인 아주머니에게 이것저것을 물어보고는, 결국 일반버스 대신 봉고차를 타고 영제시까지 가게 되었다. 중국은 특히 장사나 돈이 관련되어서는 아무거나 하면 된다. 석가장에서 헤이처[黑車]를 편리하게 이용하듯이, 영제시 방향으로 가는 빈 봉고차와 흥정이 되어 버

스보다 싼 값에 서로가 편리하게 이용하는 것이다. 어쨌든 중국인 젊은 아줌마와 두 어린 자녀, 그리고 우리 일행 넷까지 50원을 내고 봉고차를 이용했다.

일반 국도로 달리는데, 우중이라 뿌연 유리창 밖 풍경은 더 뿌옇게 보일 뿐이었다. 중간에 중국인 가족이 내린 후에는 조금 편하게 봉고차의 좌석을 이용할 수 있었다. 영제시로 가는 도중에 편작사당이 있다고, A선생이 안내판을 봤다고 한다. 영제시에 도착하여 여관 근처에 내렸다.

이 여관은 간판에는 빈관(賓館)이라고 쓰여 있지만 비교적 숙박비가 싼 곳으로, 화장실과 세면실은 밖에 있는 공동실을 이용해야 했다. 그런데 화장실에 뜨거운 물이 잘 안 나왔다. 뜨거운 물은 늦은 시간에야 나온다고 했다. 난방을 부탁하니 10원을 더 내야 한다고 했다. 잠깐 쉬었다가 근처 식당에서 저녁을 먹고, 꽈배기도 사서 조금 먹었다. 방 두 개를 잡아 두 명씩 각각 이용하게 되었다.

계속 비가 오니 습기가 많고, 석가장보다 훨씬 서남쪽 지역이라 여벌로 가져온 옷가지가 여름옷뿐이어서, 오한이 든 몸을 따뜻하게 할 방도가 없었다. 씻을 엄두가 전혀 나지 않았다. 뱃속은 니글니글한데 왜 그런지 이유를 잘 모르겠다. 화장실에 가고 싶은 것도 아니고, 체한 것도 아니고, 너무 추워 이불을 뒤집어쓴 채 A선생의 형제들과 부모님 이야기를 들었다. 하루 종일 춥고, 식당도 춥고, 따뜻하게 녹여줄 것이 하나도 없었기에, 조금 먹은 저녁마저 다 토했다. 아주 오래전이나 음식을 먹고 토했지, 근래에는 토해본 적이 한 번도 없었는데, 얼마나 신체적 상황을 둘러싼 여건이 안 좋은지를 반증했다. 어쨌든 세 바탕을 토하고 양치를 하니 조금 나았다. 불을 끄고 눈을 붙이며 또 토할까 봐 걱정했는데, 그나마 거기서 멈추게 되었다. 시간이 이미 자정이 다 되었고, 다음 날 아침 7시 여관에서 출

수운 최제우가 만난 신화적 인물들

발하기로 했으니 일찍 일어나려면 조금이라도 빨리 자야 했다.

다섯 시간을 뒤척인 끝에 알람 소리에 눈을 떴다. 스타킹도 두 개 신고, 청치마 속에 반바지도 입고, 반팔 티셔츠도 끼어 입고, 스카프도 두 개 둘렀다. 전날 준비하고 찾아보고 물어본 대로, 2번 버스를 타는 곳으로 향했다.

순제광장의 순 임금 동상

내가 순 임금 사당을 꼭 봐야 한다고 해서, 『서상기(西廂記)』의 배경인 보구사(普救寺)는 스쳐가고, 관작루 하나만 보기로 했다. 정 시간이 안 되면 영제시에서 운성까지 택시를 타고 가기로 했다.

버스정류장 근처에 오니, 대희극원(大戱劇院)이라는 큰 극장이 있었고, 맞은편에 큰 동상이 있어 가보니 그곳이 순제광장(舜帝廣場)이고 순 임금 동상을 크게 조성해놓았다. 동상 양옆과 뒤에는 순 임금 관련 부조 벽화가 있었다. 순 임금 사당에 가기 전에 순제광장을 만나고, 동상과 부조 벽화로 순 임금을 미리 만난 것이다. 나름 한국에서 지방 자치가 실시된 후 문화 콘텐츠로 그 지역을 살리려 하는 것처럼(홍길동마을이니 춘향마을이니 하는 것처럼) 순제광장이라고 이름을 붙인 것일지도 모른다.

보구사는 앵앵과 장생의 사랑이 시작되는 곳이라 한다. 『서상기』는 이름만 들어보았는데, 「만복사저포기(萬福寺樗蒲記)」와 조신몽(調信夢) 설화와 비슷한 구조인 듯하다. 탐구 대상이 A선생 이야기로 하나 생기게 되었다.

이곳에서도 대기하고 있는 다양한 차종 중 봉고차를 이용하게 되었다. 이곳은 양귀비(楊貴妃)의 고향이고, 옛 이름이 포주(蒲州)라 한다. 아. 그래서 영제시에 양귀비 이름의 가게가 있었던 것인가? 기사는 고성의 동문, 서문, 남문 등을 설명하며, 지금이 행사 기간이라 관작루 입장이 무료라고, 개문 전 황하 물줄기를 보라면서 황하 상류 근처에 우리 일행을 내려주었다.

황하 상류에 자라는 서하류

옛날 황하는 강폭이 넓었지만, 지금은 폭이 아주 좁아졌고, 나룻배 한 척이 강가에 매어져 있었다. 물이 흐르는 좁은 강폭 주변은 아주 광활한 대평원이었다. 황톳빛 갯벌 간간이 초록색 풀이 조금 있을 뿐이다. 그런데 하북과기대에서 처음 보고 신기하다고 생각했던 서하류(西河柳)가 황하 기슭에 여러 그루 자라고 있었다. 습지를 좋아하는 나무인가? 이름을 재확인하려고 중국인 할머니에게 물어보니 모른다고 한다. 어쨌든 황하 줄기에서 익숙한 나무 서하류를 만나 반가웠다.

택시기사는 관작루 입구에 우리를 내려주고, 구경이 끝나면 전화하라고 연락처를 주고 가버렸다. 아직 개관 시간 전이어서 관작루 입구 여기저기를 구경했다.

건물 벽 여기저기에 붙은 당시들

관작루 주변 건물마다 관작루 관련된 시를 써놓았다.

특이한 것은 관작루 관련 시를 입구의 여러 건물 온 벽에 써놓았다는 점이다. 이제 역사와 관련된 내용이라면 시, 그림, 조각 모두 해놓는 중국인들의 공부 방식에는 익숙해졌다. 이곳은 당시의 고향이니 만큼 건물 벽에 이익

수운 최제우가 만난 신화적 인물들

(李益), 왕지환(王之渙), 이상은(李商隱) 등의 시를 써놓았다. 다행히 날씨가
맑고 비도 오지 않았다.

개관 시간이 되어 관작루로 들어갔다. 이 한 채의 누각이 정말로 대단하
다는 생각이 들었다. 당나라의 많은 시인들이 이 누각에 올라 황하를 굽어
보며 시를 읊었던 것이다.

금자학법 13 — 당시 학법

중국의 문학을 보면 『시경』도 그렇고 당시, 송사, 원곡도 모두 300으로 편집 정리하는
것 같다. 관작루에 가면 왕지환의 「등관작루」뿐만 아니라 관작루 관련 시들이 건물
벽에 씌어 있었다.

당나라 시대의 시 300수를 정선한 '당시 300수'를 다양한 버전으로 만났다. 유아용
책과 카드, 시사대회, 중국 어문 교과서, 국수 그릇, 일회용품 용기에서까지 아주 다
양하게 시를 만나 알게 되었다. 그래서 당시 학법이라 칭하게 되었다.

유아용 당시 카드   국수 그릇에 쓰여진 당시   도로 바닥에 새겨진 당시

천지사방을 둘러봐도 끝없는 대지

많은 계단을 올라 1층에 들어가니, 벌써 벽면에 대형 그림이 가득했다.
곧바로 2층에 올라가니 순 임금의 대형 조소상, 순제광장에서 봤던 것 같

은 순 임금 부조물, 양귀비 고향이라 양귀비 조형물, 팔선(八仙) 중 한 명인 여동빈(呂洞賓), 여와보천(女媧補天), 황제와 전쟁을 벌였던 치우(蚩尤) 조소상, 당나라의 시인인 유종원(柳宗元)과 「강설(降雪)」 시화, 관공(關公), 사마광(司馬光)이 항아리에서 아이를 구해낸 이야기 등과 관련된 것이 모두 전시되어 있다.

중국의 4대 누각에 황학루(黃鶴樓), 등왕각(騰王閣), 악양루(岳陽樓)와 함께 관작루가 들어간다고 한다. 관작루는 당나라 때 건축되었고, 원나라 때 훼손되었다가, 명나라 때 복원되었다. 그리고 특별한 판화기법 같은 흑백화에 여러 인물이 많이 소개되었는데, 여동빈, 궁지기(宮之奇), 관한경(關漢卿), 편작(扁鵲), 관우(關羽) 등이다. 4층에 올라가니 누각 전체를 한 바퀴 돌면서 사방을 둘러볼 수 있었다.

멀리 황하, 나무, 숲, 그리고 약간 논처럼 조성해놓은 구역도 보였다. 천지사방이 막힘이 없이 광활했다. 산도 없고, 집도 없고, 건물도 없고, 오직 나무, 숲, 평야. 사방이 모두 지평선이라 해야 하나, 드넓은 망망대지. 순제 시절 문명이 자리 잡은 곳, 인류 문명의 터전이며 젖줄인 황하 줄기를 경계로 섬서성과 산서성이 나뉜 곳, 이런 것들이 한꺼번에 정리되었다.

관작루에는 황하 문명을 일군 초기 인류가 경작하고, 도기를 만들고, 인형을 만드는 모습, 제염, 제철, 양잠 등을 하는 모습을 모두 조형물로 만들어 전시해놓았다. 모택동 서법의 왕지환의 시 「등관작루」 한 편도 걸려 있었다. 이 누각 하나만으로 당시가 살고, 운성 지역의 역사와 출신 인물들이 모두 살아나고 있었다.

4천 년 된 측백나무가 지키는 순제릉

택시기사와 흥정이 잘 돼, 운성시 순제릉(舜帝陵)까지 편하고 빠르게 갈

수운 최제우가 만난 신화적 인물들

수 있었다. 기사 아저씨는 우리가 순제릉을 둘러
보고 나올 때까지 기다렸다가 다시 운성북역까
지 태워다 주기로 했다.

요와 더불어 태평성대의 군주로 일컬어지는
중국의 성군 순,[12] 인내와 덕성으로 인간이란 존
재로서는 도저히 감당할 수 없는 역경을 이겨냄
으로써 인간 승리의 모범이 되었다.[13] 순은 제위
를 물려받은 후에도 근로 소박한 생활을 했으며

순 임금

백성들과 함께 노동하면서 그들의 신임을 받았다. 몇 년 뒤 요가 죽자 순
은 제위를 요의 아들인 단주에게 양보하려 했지만 다른 사람들이 찬동하
지 않았다.

순은 왕이라 사당이 아닌 능으로 칭해져서, 정식 이름은 우순릉묘(虞舜
陵廟)라고 한다. 입구에 솟은 대형 정원 기단에, 모두 순 임금 스토리가 부
조 벽화로 되어 있다. 순제릉 안까지 들어가려니 너무 멀어 코끼리열차
를 이용했다. 이곳에서 중국 텔레비전에서 본 순 임금 석상을 만났다. 석
상 뒤에는 수령 4천 년의 측백나무가 있다. 중국 여기저기 여행을 다니면
서 천년 고수를 많이 봤다. 순제릉의 봉분에도 2천 년 된 측백이 서 있었
다. 서하류 거목도 몇 그루 있었다. 이 고장이 서하류의 고장인가. 황하 물
줄기 옆에서도 보고. 서하류는 연보라색 꽃이 피는 거대한 아스파라거스
같이 생긴 나무이다. 특히 이곳의 서하류는 운치가 있으며, 예쁘고 거대했

---

12 舜帝 百科名片 : 三皇五帝之一, 名重华, 字都君; 生于姚墟, 故姚姓, 今山东诸城市万家庄乡
诸冯村人. 舜, 为四部落联盟首领, 以受尧的"禅让"而称帝于天下, 其国号为"有虞", 故号为
"有虞氏帝舜". 帝舜, 大舜, 虞帝舜, 舜帝皆虞舜之帝王号, 故后世以舜简称之.

13 정재서, 『이야기 동양신화』, 황금부엉이, 2004, 259쪽.

순 임금의 석상과 그 뒤의 4천 년 된 측백나무

다. 이름을 다시 확인하려고, 사당지기 보살에게 물으니, 천천수라고 한다. 다른 별칭인가 보다.

금자학법 14 — 고수(수목) 명패 학법

중국 이곳저곳을 여행하다 보면 명패가 붙은 고수를 많이 볼 수 있다. 명패에는 수령과 수종이 기록되어 있어 나무에 대한 정보를 잘 알 수 있었고 처음 보는 식물에 대해 많이 알게 되었다. 이름하여 수목 명패 학법이라 칭할 수 있겠다.

하북과기대학에서 처음 보는 나무가 많았는데 수목 명패를 통해 이름을 알게 되었다. 그래서 수목 명패도 학습 방법 도구라 생각하게 되었다.

정딩 룽흥사 내 회화나무   하북과기대학 캠퍼스 내 자엽리(紫葉李), 납매(臘梅)

사해를 만나고, 우주를 만나고, 천지를 만나고

서하류 옆 건물 처마 아래 나무판에 순제의 역사가 연대기 형식으로 쓰여 있다. 족보라고 해야 하나, 왕보(王譜)라고 해야 하나. 돌바둑판, 24효에 해당하는 순 임금의 일화 등을 이야기하며 순제릉을 관람했다. 석가장 거리에서 24효(孝) 전지를 본 적이 있는데, 원래 전지의 고향인 이곳 운성 지역에서 24효 주제 하나씩 24개의 기둥에 설치해놓은 것을 보니 색다르게 느껴졌다.

순제릉을 나와 택시를 타고 운성북역으로 이동했다. 택시기사 아저씨에게 한국 돈 5천 원짜리를 기념품으로 드렸다.

또 체할까 봐 하루 종일 이온음료만 마셨을 뿐이다. 춥고, 토하고, 굶고, 기운이 없고, 신체 조건은 최악이었다. 그러나 사자어구 편액을 관운장 정신으로 만나고, 관작루에 가서 「등관작루」를 만나고, 황하 망망대지에서 서하류를 만나고, 순 임금의 부조 벽화도 만나고, 4천 년 전 고측백을 만나고, 또 서하류를 만나고, 24효를 만나고, 사해를 만나고, 우주를 만나고,

왼쪽 : 하북과기대학 내 서하류
오른쪽 : 순제릉의 서하류

천지를 만나고, 나무를 만나고, 황토 대지를 만나고, 황하를 만나고, 시를 만나고, 그림을 만나고, 서예를 만났다. 이번 보물섬을 다녀오며 찾은 보물의 세계는 협소한 세계에서 확 뛰어올라 나의 세계를 더 넓게 열어가는 계기가 되었다. 진정한 기쁨으로 충만했던 산서 운성 여행이었다.

수운 최제우가 만난 신화적 인물들

조선으로 온 중국인, 기자

목적지 하남성 주구시 서화현 기자독서대
경로   석가장 하북과기대학→ 석가장역에서 기차로 하남성 주구역 이동→ 택시로 녹읍현 노자
        고리 태청궁 및 노자문화광장 이동 및 관람→ 택시로 서화현 기자독서대 근처 이동 및
        관람→ 가란생 노인 집 구경 후 다시 택시로 주구역 이동→ 기차로 석가장역 이동→ 귀
        가
일시   2016년 11월 4일~6일(무박 3일)

기자[14]는 기자조선의 시조이며, 중국계 한국인
이며, 고조선 시대 전설로 전하는 기자조선의 시
조이기도 하다. 중국의 은(殷)·주(周) 교체기에
주나라의 무왕(武王)이 은나라를 빼앗자 현인 기
자가 B.C 1122년 조선으로 건너와 기자조선을
건국하고 범금팔조(犯禁八條)를 가르쳤으며, 무
왕에 의해 조선왕에 봉해져 단군조선을 교체했
다는 것이다. 이런 이해는 오랜 연원을 갖고 있

기자

다. 지금은 기자 자체를 본래 왕을 뜻하는 우리나라 고유의 칭호였다고 해
석하는 견해, 기자조선은 부정하지만 그 기간을 예맥족이 근간이 된 예맥
조선으로 설정하는 견해, 동이족 계통인 기자족의 이동과 관련하여 기자
전설을 이해하려는 견해 등이 제기되어 있다.

---

14 箕子 百科名片：箕子, 是文丁的儿子, 帝乙的弟弟, 纣王的叔父, 官太师, 封于箕, 名胥余, 作
      为中华第一哲人, 在商周政权交替与历史大动荡的时代中, 因其道之不得行, 其志之不得
      遂, "违衰殷之运, 走之朝鲜", 建立东方君子国, 其流风遗韵, 至今犹存.

『죽서기년(竹書紀年)』에는 기자가 상(商)의 마지막 왕인 주(紂)에 의해 감옥에 갇힌 바 있으며 상이 멸망하고 서주가 건립된 후 무왕 16년에 기자가 서주 왕실에 조근(朝覲)을 한 것으로 기록되어 있다. 『논어』에는 제왕국 말기에 있었던 세 사람의 어진 인물로 미자(微子), 기자, 비간(比干)을 들고 있으며, 진(秦) 시대 이전의 중국 문헌에 나타난 기자는 덕과 학문이 있는 어진 인물[15]로 그려진다.

하북성이 아닌 하남성을 혼자서

저녁으로 표고버섯을 넣은 라면죽탕을 끓여 먹고 빨래를 돌리고 여행짐을 쌌다. 우산, 과자, 과일, 커피, 종이컵, 세면도구, 로션, 목도리, 보조배터리, 작은 수건, 카메라, 휴지, 여권, 기차표, 돈, 지도 등. 여행짐을 메고 하북과기대학 내 교사 숙소에서 출발하면 된다. 69번 시내버스를 타고 룬펑우진청 정류장에서 72번 시내버스로 환승해 석가장역에 도착했다.

중국 생활 2년차가 되어서야 가까스로 하북성이 아닌 다른 성을 혼자서, 동학 텍스트 답사 계획에 있던 중국 인물들 관련 지역을 하나씩 여행하기 시작했다. 이번에는 하남성에 있는 노자와 기자 관련 유적지를 탐방하는 여행이다.

딱딱한 침대차[硬臥]의 가운데 자리인 중포(中鋪)가 내 자리다. 중국의 기차표 예매 시스템은 개시와 함께 매진되는 경우가 많아서, 침대 위치를 마음대로 고르기 어렵다. 맨 꼭대기 상포만 아니라면, 모두 감지덕지다.

석가장역에서 출발한 기차에서 하루가 넘어갔다. 중국에서 여행을 다니다 보면 삼천리와 구만리의 비유법이 떠오른다. 드넓은 대지와 드넓은 대

---

15   尹乃鉉, 「箕子新考」, 『韓國古代史新論』, 一志社, 1999, 178쪽.

륙을 사진에 모두 담을 수 없다. 푸르른 대지, 처음에 보리밭이라 생각했
던 대지는 알고 보니 밀밭이었다. 드넓은 대지가 국가 형성의 기반이 되는
가? 나무의 기운도 한국과 다른 듯, 중국에서 여행을 하면서, 대지와 평야
에 대해 자주 생각을 하게 된다.

문징명, 조맹부, 오도자의 노자 그림이 거대 석벽에

다음 날 아침, 하남성 주구역에서 내렸다. 노자의 고향, 주구시(周口市)
이다. 기차역을 빠져나오자 손님을 부르는 택시기사들의 함성이 요란하
다.

내가 탄 택시는 낯선 거리를 달리다 주유소로 들어가 가스 충전을 했다.
주유를 기다리면서 주유소 근처의 초록색 밀밭을 가까이서 봤다. 산묘(山
墓)는 추상적이고, 들묘가 실리적인가를 생각해봤다. 노자의 태청궁(太淸

문징명이 그린 노자

오도자가 그린 노자

宮) 앞에 도착하니 택시기사는 선금으로 300원을 달라고 한다. 노자 덕분에 택시기사가 돈을 버는 동네이다.

이 지역에는 오동나무가 참으로 많았다. 달리는 차창 밖으로 회양(淮陽) 태호릉(太昊陵)이란 안내판을 봤다. 별로 산이 없는 지역, 노자의 태청궁은 특별히 볼 게 없지만, 『도덕경(道德經)』 벽만은 필체가 모두 다른 것으로 81장을 조성해놓아서 인상적이었다. 그리고 태청궁 앞의 노자문화광장에 문징명(文徵明), 조맹부(趙孟頫), 오도자(吳道子)의 노자 그림을 크게 조성해놓은 석벽은 대단했다. 사자어구로 정리된 조소상도 있었다.

중국에서 여행을 자꾸 하다 보니, 거대하고 다양한 세계가 없으면 싱겁다는 생각이 들었다. 결국 노자 태청궁을 구경하면서 좀 아쉬웠지만, 노자문화광장까지 가서 보니 다 본 셈이다. 학습 효과로 사자어구를 발굴해서 구현하는 그림이나 조소상 등의 제목을 붙이면 좋겠다. 그러려면 많은 연구를 해야 할 것이라는 생각이 들었다.

대지의 기운? 산의 기운?

노자 태청궁 뒤쪽의 와와전에서 도교의 민간신앙인지 아주 많은 아기인형들이 놓여 있고, 생돼지고기가 제물로 진열되어 있고, 목화를 말리는 풍경 등을 봤다. 자연의 세계를 문화현상으로 만드느냐? 자연 그대로 놓아두느냐? 대지의 기운이 강한가? 산의 기운이 강한가? 산의 기운과 대지의 기운의 차이는 무엇인가? 푸르른 대지 속 분묘(墳墓), 노쇠한 산속 묘지(墓地), 신앙과 영혼의 지혜가, 물이 부족한 지역의 삶이냐? 물이 풍부한 지역의 삶이냐? 논농사 지역의 문화냐? 밭농사 지역의 문화냐? 등에 대해 다양한 생각이 들었다.

기자독서대가 있던 자리

족보 편집인 가씨 할아버지

기자의 고향인 기념당에서 우연히 만난 중국 할아버지 가란성 선생은 기자가 한국으로 갔다고 한다. 택시기사에게 15시 반에 기자기념당이 있는 동네에서 출발하겠다고 문자를 보냈다. 가란생 선생은 성씨 편집위원이며, 『족보 가씨(族譜賈氏)』를 하나 준다고 해서, 가 선생 집까지 방문했다. 가씨 할아버지를 보며, 중국인들이 좁은 책상에서 자존심을 지키며 자기 일을 한다는 A선생의 말이 생각났다.

돌아가신 고모님 같은 보살 할머니들을 기자기념당에서 만난 것은 뜻밖이었다. 기자기념당은 한국의 무속이 근간인 보살집이 연상되었다. 이 기념당을 지키는 보살들은 대개 할머니인데 중국인이라는 사실 빼고 한국 보살들과 느낌이 비슷하게 다가왔다. 아쉬운 것은 기자당에는 여와(女媧)를 모셔놓은 곳이 있고, 기자의 조소상을 모셔놓은 곳이 있는데, 너무 서구적인 느낌이었다. 기자독서대(箕子讀書臺)는 이미 물에 잠겨 위치로만 알게 되었고, 결국 물속에 잠긴 옛 건물 하나 보러 서화현(西華縣) 기자독서대 근처에 갔는데, 만남의 고리는 다르게 이어졌다. 족보 편집인, 그리고 어느 로터리에서 목격한 여와 조소상을 스쳐가며, 신화 형상을 광장에 세웠다는 것이 또 신기했다.

중국문화 유적에 뻥튀기가 없으면 심심하다. 거대함과 다양함을 생각하며 주구역에 도착해서 잔금으로 700원의 택시비를 드렸다. 노자와 기자의 명성 값으로 택시비 천 원이라니, 좀 비싸지만 만족했다. 새로운 장소를 탐방하고 여행하면서 만나는 문화 양상뿐만 아니라 어떤 택시 기사를 만나고 택시비는 얼마인가까지 내가 당면해야 하는 미지의 세계이다.

금자학법 15 ― 명화 학법

중국을 여행하면서 명화와 유명한 화가의 그림을 재현하는 것을 많이 목격했다. 노자 문화광장에서 문징명, 조맹부, 오도자의 노자 그림을 보고 감탄한 바 있다. 명화를 통해서 또 다른 세계를 알 수 있어 명화 학법이라 할 수 있겠다.

정독도서관의 겸재 정선 그림 조형물   청계천의 정조대왕 능행반차도

월궁의 미인, 항아

남녀노소 모두 시를 즐기는 중국시사대회

삭막하고 공허한 중국 생활에 한 줄기 빛이 되어준 것은 당시(唐詩) 낭독의 세계를 만난 것이다. 관(觀)과 세계(世界)로 자신을 타인과 분리시킨 이후 또 다른 세계로 진입해 왔지만, 신세계가 아직 구세계와 다르게 익숙하지 않은 게 있고 여러 가지가 준비되지 않아서, 깊은 세계와 재미있는 세계를 미처 접하지 못한 상태였다. 현재로서는 꽃의 변화를 감지하는 작은 감동이 조금씩 있을 뿐이다. 그런데 하루가 지나 우연히 당시 낭독의 세계라는 연결고리가 생기게 되었다.

저녁 8시에 방송되는 〈중국시사대회(中國詩詞大會)〉를 시청하기 위해 두엄 냄새가 진동하는 축사길로 빨리 달려왔다. 강의동에서 교사 숙소로 가는 길목에는 분홍색

하북과기대학 교사 숙소 근처 분홍색 회화나무꽃

회화나무 꽃이 피기 시작하는지 봉오리가 진분홍색으로 많이 맺혀 있었다. 식물 채집을 위해 하나 챙겼다.

〈중국시사대회〉는 호구폭포 여행과 저녁 토픽 보충수업 때문에 벌써 몇 번이나 보지 못한 터라 오랜만에 집중해서 보기로 했다. 줄곧 뢰왕(蕾王)이었던 여고생이 결국 법정대학 학생에게 그 자리를 내주었다. 전공도 다른 법대생이 당시를 모두 암송하며 그 시세계를 즐긴다는 게 신기했다. 영국 유학생, 국어 교사, 법대생, 회사원이 이날의 뢰왕 도전자였다.

방송 중간에 카메라를 돌려 백인단(百人團)에 낀 초등학생에게 마이크를 잡는 기회를 주었더니, 신기하게도 어린 학생도 당시를 읊는다. 중국은 자신이 준비하면, 즉 스스로 시(詩)와 사(詞)를 많이 암송하고 준비하고 즐기면, 항상 기회가 있는 나라라고 느껴졌다. 그러기에 중국인의 무의식에는 남다른 여유와 깊이가 있는 것 같다.

한국에서는 이번 기회를 놓치면 다음의 기회가 별로 없다는 것을 많이 경험한 나머지 늘 쫓기고 바쁘다. 그리고 다양한 세계가 별로 없는데…. 이곳에서는 다양한 군단이, 다양한 우수자가 즐긴다는 점에서 분명히 환경과 토양이 한국과는 다르다는 생각이 들었다. 여고생, 법대생, 공대생, 외국 유학생, 회사원, 공무원, 경찰, 국어 교사, 대학원생, 대학 강사 등, 다양한 직업군과 사회 계층, 모두가 당시라는 하나의 세계에서 뢰왕 도전자가 될 수 있고, 신청하고 즐기는 진정한 승부의 세계, 그것이 분명 중국 전통을 현재에 살아 있게 하는 진정한 힘이리라. 그 힘이 당장 눈에 보이지 않지만 결국 이 사회에 강한 영향력을 끼치고 있다는 생각이 들며 부럽기도 했다.

나는 관과 세계를 정립한 이후, 고도의 평정 시간으로 진입했다. 그러다 몇 사람에게 중국 시 낭독을 부탁했다. 단골집 수기치료사 왕 라오스 부인

수운 최제우가 만난 신화적 인물들

항아 관련 전지들(필자의 졸작이다)

의 이름에 항(嫦) 자가 들어 있어 검색하다가, 이상은(李商隱)의 시 「항아(嫦娥)」를 알게 되었다. 칠언절구 한시를 종이에 베껴 쓰고, 그 부인에게 낭송해보라고 하여, 웨이신에 녹음을 했다. 중국시사대회에서 본 멋스러운 당시 낭독이 생각났기 때문이다. 그래서 칠언절구를 한번에 죽 낭송한 것을 녹음하고, 다시 기, 승, 전, 결, 1연에서 4연까지 따로따로 녹음했다.

> 은하수 점점 기울고 새벽별 숨는구나   長河漸落曉星沈
> 항아는 응당 불사약 훔친 것을 후회하리니   嫦娥應悔偸靈藥

이상은의 시에 등장하는 항아[16]는 중국 신화에서 신궁 '예'의 부인이다. 하늘의 왕 태양제군은 자신의 아들들인 열 개의 태양 중 아홉 개를

---

16 嫦娥 百科名片 : 奔月嫦娥, 本作姮娥, 因西汉时为避汉文帝刘恒的讳而改称嫦娥, 又作常娥, 是中国神话人物, 后羿之妻. 神话中因偸食后羿自西王母处所盗得的不死药而奔月. 民间多有其传说以及诗词歌赋流传.

학생이 그린 항아

석가장 신백광장 마트에 그려진 항아 이야기 벽화

수운 최제우가 만난 신화적 인물들

죽인 벌로 예와 항아를 지상에서 인간으로 살도록 했다. 분노한 항아는 예를 설득하여 곤륜산에서 사는 서왕모에게 가서 불사의 영약을 얻어오도록 했다. 이는 두 사람이 나눠 마시면 두 사람 다 불로불사할 수 있는 분량이었지만, 한 사람이 모두 먹으면 다시 신선이 되어 천계로 돌아갈 수 있었다. 예는 영약을 가지고 집으로 돌아와 부부가 함께 마시려 했지만, 다시 천계로 돌아가기를 원했던 항아는 곧 이를 혼자 마실 생각을 하기 시작했다. 하지만 남편을 버리면 신들의 분노를 살까 두려워 점술가에게 상담했다. 점술가는 항아에게 달로 가면 신들의 비난도 인간으로서의 고된 삶도 없을 것[17]이라고 말했다.

---

17   레이첼 스톰, 『동양신화 백과사전』, 김숙 역, 루비박스, 2006, 420쪽.

■	**북경**	공묘(북경)
■	**하남성**	자공문화광장(하남성 학벽시 준현)
		제갈량 무후사(하남성 남양시)
■	**산동성**	공묘(산동성 제녕시 곡부시)
		맹묘(산동성 제녕시 추성시)
■	**섬서성**	강자아조어대(섬서성 보계시 반계)
		오장원제갈량묘(섬서성 보계시 채가파)
■	**호북성**	고룡중(호북성 양양시)
■	**호남성**	염계서원(호남성 침주시 여성현)

수운 최제우가 만난

정치사상가들

공자　　　　　자공　　　　　　72현　　　　　　맹자

제갈량　　　　　강태공　　　　주돈이

공자생어로孔子生於魯 풍어추風於鄒 추로지풍鄒魯之風
전유어사세傳遺於斯世 오도수어사포어사吾道受於斯布於斯
가위이서명지자호豈可謂以西名之者乎
(공자는 노나라에 나시어 추나라에 도를 폈기 때문에 추로의 풍화가 이 세상에 전해온
것이어늘 우리 도는 이 땅에서 받아 이 땅에서 폈으니 어찌 가히 서라고 이름하겠는가.)
『동경대전』 중 「논학문」에서

시역자공지례是亦子貢之禮 가영이무歌詠而舞 기비중니지도豈非仲尼之蹈
(이 또한 자공의 예와 같고, 노래 부르고 춤을 추니 어찌 공자의 춤과 다르랴.)
『동경대전』 중 「수덕문」에서

신통육예身通六藝 도통道通일세 공부자孔夫子 어진 도덕道德
일관一貫으로 이름해도 삼천제자三千弟子 그 가운데 신통육예身通六藝
몇몇인고 칠십이인七十二人 도통道通해서
『용담유사』 중 「도수사」에서

공맹지덕孔孟之德이라도 부족언不足言이라 흉중胸中에 품은
회포懷抱 일시一時에 타파打破하고 허위허위 오다 가서 금강산金剛山
상상봉上上峰에 잠간暫間 앉아 쉬오다가
『용담유사』 중 「몽중노소문답가」에서

옥전창파屋前滄波 의재태공지조意在太公之釣
함림지당檻臨池塘 무위염계지지無違濂溪之志
정호용담亭號龍潭 기비모갈지심豈非慕葛之心
(집 앞에 푸른 물은 뜻이 강태공의 낚시에 있었더라. 난간이 못가에 다다름은 주렴계의
뜻과 다름이 없고, 정자 이름을 용담이라 함은 제갈량을 사모하는 마음이 아니겠는가)
『동경대전』 중 「수덕문」에서

유교의 성인 공자

목적지 북경 공묘 / 산동성 곡부 공묘

경로 1 하북성 석가장 하북과기대학 → 석가장역에서 기차로 북경서역 이동 → 북경서역 하차 → 지하철로 옹화궁역 이동 → 걸어서 옹화궁, 공묘, 국자감 거리 관람 → 지하철로 북경 서역으로 이동 → 기차로 석가장역 이동 → 귀가

경로 2 하북성 석가장 하북과기대학 → 석가장북역에서 기차로 산동성 추성역 이동 → 택시로 곡 부 공묘까지 이동 → 인력거로 공림, 공묘, 공부 삼공 관람 → 택시로 추성시 맹묘 이동 및 관람 → 택시로 추성역 이동 → 기차로 석가장북역 이동 → 귀가

일시 2015년 3월 25일(1일) / 2018년 7월 31일~8월 2일(무박 3일)

공자를 찾아 북경으로

2015년 3월에 석가장에 온 지 반 년이 지났다. 혼자서 버스를 탈 줄 알게 되면서부터 신화서점, 석가장역, 석가장민속박물관, 하북미술관, 하북성도서관, 하북박물관, 석가장공항, 석가장북역 등을 혼자 다 답사했다. 그러니 석가장이 이제 더 이상 궁금하지 않고, 석가장을 탈출해서 제일 가까운 대도시 북경에 가보고 싶었다.

1997년 처음 중국 여행 때 가봤던 지역은 특별한 경우가 아니고서는 가지 않기로 마음을 먹었다. 그때 자금성, 천단공원, 이화원, 만리장성, 명13궁 등을 돌아다녔다. 겨울방학이라 놀러 온 동생은 모든 곳을 포기하고 만리장성만 가보고 싶다고 해, 중국인 Z선생에게 후배 가이드를 소개받아 처음 떠난 북경 여행이었다.

한 달에 한 번씩 여행을 가기로 마음을 먹고, 2015년 2월에는 성신여대 한국어학당의 옛 제자 왕영과 함께 청나라 때 유명한 문화거리인 유리창(琉璃廠)에 갔다. 그리고 2015년 3월 드디어 다른 사람의 도움을 하나도 받

지 않고, 혼자 북경 여행을 감행했다. 옛 동료인 한국어 강사로부터 북경에 공묘(孔廟)와 국자감 거리가 그대로 있다는 말을 들었기 때문에, 그곳들을 집중적으로 공략하기로 했다.

석가장역에서 북경서역을 향해 출발했다. 한 시간을 고속철도로 달리는데 가도가도 푸르른 밀밭이 펼쳐져 있었다. 어느 해 봄이었던가, 김제와 정읍 지역을 통과할 때 넓게 펼쳐졌던 푸르른 보리밭과 조금 비슷한 느낌이라고 할까? 그 지역이 김제평야였던가? 그 넓은 대지를 사진 몇 컷으로 담을 수는 없다. 보다 보면 마음이 한없이 넓어지고 만만디[慢慢地] 정신이 나올 수밖에 없다는 생각이 들었다. 물론 중국에서도 농촌 사람과 도시 사람이 다를 것이다. 역사성과 예술성, 『붉은 수수밭』으로 번역된 모옌[莫言]의 『홍고량(紅高粱)』은 과연 중국적이며 보편적인가? 한국적이며 보편적인 것, 내가 찾을 수 있는 코드는 무엇인가?

북경서역에서 지하철을 타고 옹화궁역에 도착했다. 안내판을 따라 입장해서 옹화궁을 관람했다. 옹화궁은 북경의 티베트 불교 사원이다. 처음으로 무료로 제공한 향은 옹화궁에서였다. 옹화궁에서 티베트 승려들이 라마 불교의 경전을 읽고 있고, 법륜을 돌리는 사람들도 있었다. 옹화궁의 한 전각 내 불상 위치를 천장 방향에서 창문을 독특하게 건축해 불상에만 태양빛이 들어오고 비치는 것 같은, 건축 양식이 특이했다.

옹화궁을 관람한 뒤, 그 근처의 국자감 거리로 향했다. 점심은 포장마차에서 밤빵을 사서 때웠다.

측백나무 숲속의 북경 공묘
북경 공묘 주위에는 측백나무 숲이 호위무사처럼 에워싸고 있었다. 고수(古樹), 한국에서는 고목(古木)이라 부르는데 중국에서는 고수라 부른다.

수운 최제우가 만난 정치사상가들

북경 공묘

한국에서는 식목일(植木日)이라 하고 중국에서는 식수절(植樹節)이라 하는 것도 마찬가지 맥락이다. 어쨌든 고수는 언제 보아도 대단하고, 어떤 유적지에서든 고수가 풍경의 중요한 몫을 한다는 생각이 들었다. 나무가 산 역사를 지켜주기 때문이리라.

중국에 오기 전 성균관대학교에서 개최한 학술대회에 갔다가 성균관 명륜당을 구경한 적이 있었는데, 이곳 공묘는 또 느낌이 달랐다. 전시관에서 세계 공자 분포도도 봤다.

공자[1]는 중국 문화사에서 개인으로는 처음 강학을 시작해서 사학의 풍

---

1 孔丘(前551~前479) ：字仲尼. 排行老二, 汉族人, 春秋时期鲁国人. 孔子是我国古代伟大的思想家和教育家, 儒家学派创始人, 世界最著名的文化名人之一. 编撰了我国第一部编年体史书《春秋》. 据有尖记载, 孔子出生于鲁国陬邑昌平乡；孔子逝世时, 享年73岁, 葬于曲阜城北泗水之上, 即今日孔林所在地. 孔子的言行思想主要载于语录体散文集《论语》及先秦和秦汉保存下的《史记·孔子世家》. 古文献整理家——相传曾修《诗》《书》, 订《礼》《乐》, 序《周易》, 作《春秋》,《论语》. 孔子师郯子, 苌弘, 师襄, 老聃；相传有弟子三千, 贤弟子七十二人.

공자

조를 열었고, 위대한 교육자상과 체계적인 교육이론을 제시하였다. 육경을 편찬하여 가장 위대한 문헌 정리자가 되었다. 유가학파를 창립하여 최초로 계통적인 사상 체계를 제시하였는데, 풍부한 내용의 유가학설의 연원이 되고 있다.[2] 현재의 『논어』 20편은 제자들이 편찬한 공자의 언행록이다.

금자학법을 정리, 명명하며

중국 텔레비전을 보면 의외로 아이디어가 많이 떠오른다. 어쨌든 한국에서는 거의 5년간 텔레비전을 보지 않다가, 석가장에 온 이후 모르는 중국어라도 듣고자, 교사 숙소의 거실로 나가서 밥을 먹거나 청소를 하거나 별로 중요하지 않은 일을 할 때마다 언제나 텔레비전을 틀어놓게 되었다. 한국에서 보던 CCTV 4번이 중국에도 있다. 이 채널에서 방영되는 프로그램도 한국에서와 거의 같다. 어쨌든 중국 텔레비전을 보면서 식물 채집 방법론도 실생활에 적용하게 되었다. 그리고 또 하나가 『손자병법(孫子兵法)』을 변형한 나만의 학습 방법 36학을 기획한 것이다. 이미 '금자학법(今子學法)'이라는 이름으로 한 고개 두 고개씩 넘으며 발견해가고 있다.

핸드폰 갤러리에 저장된 사진 중에서도 학법으로 정리할 것이 있지 않을까 하는 생각이 들었다. 갤러리를 뒤져보니 당시(唐詩)와 『홍루몽(紅樓

2　천웨이핑 지음, 『공자평전-유가의 1인자』, 신창호 옮김, 미다스북스, 2002, 16쪽.

夢』의 금릉(金陵) 12채 인물을 인쇄한 책갈피가 있었고, 중국의 12황제 책갈피도 있었다. 그래서 중국에서는 책갈피를 통해서도 학습을 하고 있었다는 생각이 정리되었다. 그러다 보니 이미 한국의 지인에게 보내준 부채에 중국의 유명한 문장이 쓰여 있었던 것이 기억났다. 중국의 역대 황제가 그림으로 그려진 부채도 있었다. 중국은 부채를 통해서도 학습을 전수하고 있으니 부채 학법이라 정리되었다.

나는 거실 탁자에 덮어둔 얇은 염색천 탁자보를 누르기 위해 자와 문진을 올려놓고 있다. 그런데 그 자에는 『논어(論語)』, 『효경(孝經)』, 『맹자(孟子)』, 『권학문(勸學文)』 등 다양한 것이 새겨 있다. 그렇다면 결국 자도 학법의 도구인 것이다. 문진에는 공자 그림과 『논어』가 새겨져 있기에, 문진도 학습용 도구라 할 수 있다. 전지(剪紙)에도 무수한 고사가 들어 있고, 달력에도 명문이 함께 인생의 지혜로 쓰여 있었다. 지금은 36개의 고개를 넘을 수 있을지 미지수다. 사진을 보고 책갈피 학법과 부채 학법을 발견하고, 거실에서 자 학법과 문진 학법을 정리하니, 갑자기 1년 동안 중국에 와서 문화 이름 코드로 찍었던 사진을 보면 아이디어가 떠오르리라 생각되었다. 그래서 많은 사진을 하나씩하나씩 살펴보게 되었다.

그리하여 내화 학법, 피영희 학법, 미인 학법, 두루마리 그림 학법, 무강년화 학법, 길상화 학법, 모방 임서 학법, 춘련 복자 학법, 정원석 학법, 화상석 학법, 백가성 학법, 음식 고사 학법, 산해경 학법, 천공개물 학법 등을 고안해냈다. 명언, 명시, 명화, 명구, 덕담, 교훈, 지혜, 교육, 경전, 명명 등의 학습법이다. 이것들을 참고하고 여행지를 다니면서 반복되는 패턴을 통해 '금자학법 36학'을 정리해나가기로 했다.

금자학법 16 — 책갈피 학법

책갈피를 통해 많은 정보와 공부를 할 수 있다. 당시 공부, 황제 공부, 『홍루몽』 공부, 『도덕경』 공부 등 많다. 한국에서도 책갈피를 통해 한국의 전통문화를 알 수 있다. 이름하여 책갈피 학법이라 부르게 되었다.

남라고향에서 산 당시 책갈피　　　　『홍루몽』 금릉 12채 인물 책갈피

금자학법 17 — 전지 학법

전지는 중국의 비물질문화유산이다. 스토리와 역사 인물, 24효, 영웅 등 아주 다양한 세계를 표현하고 있다. 중국에서 배운 전지 기법을 통해 공자 제자 72명을 전지로 제작했다. 이름하여 전지 학법이다.

버스정류장의 전지　　　　　　　공자와 목계영 전지

금자학법 18 — 24효 학법

『24효』는 원나라 곽거경이 편찬한 책으로, 중국 고대의 대표적 효자 24인의 사례를

수록한 아동 교훈서이다. 『24효』의 예로 회귤유친(懷橘遺親), 와빙구리(臥冰求鯉), 곡죽생순(哭竹生筍) 등이 있다. 우연히 버스정류장 이미지보드에서 처음 만나 알게 되었다. 그 이후 산서박물관에서 니소인형으로, 또 옷, 옷감, 과자상자 등에서도 볼 수 있었다. 이름하여 24효 학법이라 부르게 되었다.

공사장 가림막의 24효 그림   24효 니소인형

금자학법 19 — 도로 바닥 학법

석가장 시내에서 도로 바닥에 색분필로 문장을 쓰는 늙은 걸인을 목격했다. 행인들이 이 노인에게 돈을 보시하는 것 뿐만 아니라, 쓰여 있는 문장을 읽곤 했다. 이름하여 도로 바닥 학법이라 할 수 있겠다. 부천 중앙공원 도로 바닥에 새겨진 정지용의 시나 펄 벅의 문장도 도로 바닥 학법이라 할 수 있겠다.

도로 바닥에 새겨진 당시

금자학법 20 — 버스 문장 학법

석가장에 와서 처음 시내버스를 타고 두리번거리는데 버스에 붙은 문장 하나가 눈에 띄었다. 『논어』의 명구 삼인행필유아사(三人行必有我師)였다. 그 이후 버스를 탈 때마다 어떤 문장이 붙어 있는지 살펴보며 모두 사진을 찍었다. 동서고금 유명인들의 명언을 버스에서 만나게 되어 중요한 학법이 되었다. 한국에서는 버스보다 지

언필행(言必行) 행필과(行必果).
공자의 명언이다.

하철역 내 스크린도어나 벽면을 통해 시나 좋은 말씀을 많이 접할 수 있으니 지하철 문장 학법이라 해야 할 것이다.

다시 공자를 찾아서

여름방학이라 놀러 온 동생과 추로지향(鄒魯之鄕)인 산동성의 곡부(曲阜)의 공묘와 추성(鄒城)에 있는 맹자의 고향을 여행하게 되었다. 보통 유가의 대표적인 사상가 공자와 맹자를 공맹으로 간단하게 일컫는다. 『용담유사』의 「몽중노소문답가」에도 공맹지덕(孔孟之德)으로 나오고 있다.

한편 도가에서는 노자와 장자를 묶어 노장사상이라 흔히 일컫는다. 중국 사상 줄기의 양대 산맥이 유가와 도가라고 알고 있었다.

중국에 와서 결과적으로 노자의 고향과 장자의 고향, 공자의 고향과 맹자의 고향을 모두 다녀오면서, 어쩌면 너무 단순한 것 같은 신기함을 발견했다. 사상의 흐름, 사상의 영향과 유파 형성을 위해서 직하(稷下)학파, ○○ 학당 등을 이용하면, 모두 그 사상이나 철학을 알 수 있고 배울 수도 있다.

공자와 맹자가, 노자와 장자가, 손빈과 손자가

서로 가까운 지역에서는 같은 지령(地靈)이 같은 인걸(人傑)을 낳는 경우도 있을 것이다. 산동성 곡부와 추성이 아주 가까운 곳에 있어, 맹자는 어렸을 때부터 공자에 대해 많이 들었을 것이고, 영향을 받았을 것이다. 공자와 맹자의 고향이 아주 가깝다는 것이 놀라웠다. 또 장자의 고향인 안휘성 박주시(亳州市) 근교의 몽성현(蒙城縣)과 노자의 고향인 하남성 주구시(周口市)의 녹읍현(鹿邑縣), 지금 행정구역으로 안휘성과 하남성으로 나누

수운 최제우가 만난 정치사상가들

어져 있지만, 거리가 너무 가깝다는 것이 기이하게 느껴졌고, 지리가 가까운 것뿐만 아니라, 같은 유파의 대가를 거의 같은 지역에서 배출했다는 게 특이했다.

뿐만 아니라 병가(兵家)의 대가인 손자(孫子)와 손빈(孫臏)의 고향은 둘 다 산동성이다. 손빈의 고향은 산동성의 하택시(荷澤市) 견성현(鄄城縣)이고 손자의 고향은 치박(淄博) 근교 동영시(東營市) 광요현(廣饒縣)이다. 실제 거리는 그렇게 가깝지 않지만, 왜 산동에서 병법의 두 대가가 나왔는가 등이, 이번 여행을 가기 전 다시 생각이 들었다.

금자학법 21 ─ 죽간 학법

종이가 발명되기 전 고대에는 대나무 쪽이나 나무 줄기에 글을 쓰고 그러한 대나무 조각을 엮어서 책을 만들었다. 중국의 시대극에서 공부하는 장면에는 항상 그런 죽간이 나온다. 중국 여행지에서도 그 지역과 관련된 죽간을 팔고 있다. 『논어』, 『주역』, 「악양루기」, 「등왕각서」, 「난정서」, 「황학루」, 『손자병법』 등 아주 많다. 이름하여 죽간 학법이라 부를 수 있다.

북경 남라고항 죽간을 파는 가게

「악양루기」 죽간

뜨거운 물을 쓸 수 있는 중국의 대합실

석가장북역에서 밤 기차를 타고 가다가 새벽에 산동성 추성역에 내렸다. 여행 중 시간과 경비를 절감하기 위해 기차역 대합실에서 간단하게 아침을 먹곤 한다. 대부분의 중국 기차역 대합실은 표가 없으면 이용할 수 없다. 우리는 돌아갈 때 사용할 기차표를 역무원에게 보여주고 대합실로 들어갔다.

중국 기차역 대합실을 이용할 때는 개수실(開水室)에서 뜨거운 물을 자유롭게 쓸 수 있다. 그래서 중국 사람들은 기차역에서 컵라면을 먹기도 하고, 물병에 찻잎을 넣어 차를 마시기도 한다. 나 역시 대합실에서 아침을 먹고, 늘 가지고 다니는 커피믹스로 커피도 마시고, 세수도 하고, 양치도 하고, 메모도 하고, 여러 가지를 준비하곤 한다. 여행할 때 뜨거운 물은 참 긴요하다. 나는 휴대용 작은 텀블러에 뜨거운 물을 꼭 챙겨 다닌다. 여행 중 어떠한 일이 있어도, 날씨가 생각보다 썰렁하거나 약간 배가 고플 때도 뜨거운 물을 마시면 대개 해결된다. 중국 생활 3년차가 되어 혼자 여행을 다니면서 터득한 방법이다.

그리고 중국 기차역 대합실의 또 하나의 특징은, 역 내부에 그 지역과 관련된 역사, 인물, 문화에 대한 그림을 설치해놓은 경우가 참으로 많다는 사실이다. 이번 추성역 대합실에서는 『맹자』의 말씀을, 창문 위나 여백의 벽에 모두 써 넣었다는 점이 특이했다. 맹모삼천지교, 단기지교는 홍단목으로 만든 나무판에 조각해 세워놓았다.

금자학법 22 ─ 기차역 학법

중국 기차역에는 그 지역의 역사와 인물에 관련된 내용들이 많다. 하남성 개봉역에는 5미터 길이의 중국 10대 명화 중 하나인 장택단의 그림 〈청명상하도〉가 그려져 있었다. 역 밖에 조소상을 거대하게 조성해놓은 경우도 아주 인상적이었다. 강소성의 소주역도 범중엄, 백거이, 고염무 등의 조소상으로 기억에 남는다. 이름하여 기차역 학법이라 할 수 있겠다. 서울역 광장 앞에 세워진 강우규 의사 동상도 기차역 학법이라 할 수 있겠다.

소주역의 고염무 조소상

양양역의 맹호연 부조물

서울역의 강우규 동상

공묘, 공림, 공스푸

택시를 타고 곡부로 달렸다. 공묘 입구에 도착하니 택시비는 60원이었다. 택시기사에게 한국 돈 천 원을 팁으로 드렸다. 택시에서 내려서는 삼륜전동차를 탔다. 현대식 인력거라 할까. 중국인 할아버지가 삼륜전동차를 끌고 안회묘(顔回廟) 입구에 내려주셨다. 성이 공씨(孔氏)여서 공스푸[孔師傅]라고 불렀다. 누항(陋巷) 고거리를 구경하고, 공림(孔林) 입구에 도착에서 연표(联票) 두 장을 끊었다. 코끼리열차를 타고 공림을 한 바퀴 돌며, 공묘(孔墓), 공리(孔鯉)의 묘, 자공(子貢)의 옛 집터를 둘러보았다.

공림은 나무가 한몫을 해서, 처음 북경 공묘에서 느꼈던 700년 이상 된 측백나무와 같은 느낌을 받았다. 그 숲을 보며, 원래 있던 것에 그럴싸한 이름을 잘 붙인다는 생각이 떠올랐다. 살아 있는 나무는 물론 죽어 있는 나무에까지 모두 의미를 잘 부여하는 특징이 있다.

기념품 가게에서 『공자성적도(孔子聖蹟圖)』 포커, 10대 성인 포커, 72현 포커 등을 발견했다. 처음 혼자서 북경으로 여행을 다닐 때, 청나라 시대에 서양 건축 양식으로 지어진 원명원(圓明園)에 가봤었다. 그때 원명원 기념품 가게에서 중국 황제 50명의 포커와 중국의 책사 50명의 포커를 본 적이 있다. 그 당시의 나는 포커에 대해 아주 부정적인 생각을 가지고 있어서, 사진만 찍고 사지 않았다. 왕들을 놀이 도구로 삼다니 하는 생각과 원래 포커를 안 좋아하는 취향, 두 가지가 겹쳤기 때문이다. 그러나 나중에는 여행지의 기념품점에서 파는 각양각색 포커를 모두 사게 되었다. 값도 비싸지 않을 뿐만 아니라, 포커 놀이를 통해서 자연스럽게 학습을 할 수 있다는 점이 대단하게 느껴졌기 때문이다. 『동경대전』에 나오는 공자의 제자 72명, 즉 72현을 포커로 만들어놓다니, 대단하다는 생각이 들었다. 문화의 재생산 방식과 중국문화를 좋아하는 나는 살 수 있는 만큼은 기념품들을 산다.

금자학법 23 ― 포커 학법

여행지마다 그 지역 관련 인물 및 문화를 홍보하는 도구로 포커를 이용하는 것을 알게 되었다. 중국 12황제 포커, 공자 제자 72현 포커, 삼국지 포커, 수호지 포커, 주역 포커, 관상 포커, 황학루 포커 등 다양하다. 포커를 통해서 공부하는 방법이라 할 수 있겠다.

| 수호지 포커 | 중국 역대 명신 무장 포커 | 72현 포커 |

수운 최제우가 만난 정치사상가들

금자학법 24 — 공자 문화 학법

공자와 관련되어 『논어』 잣대, 공자 조소상, 『논어』 죽간, 공자를 탁본화로 만든 족자, 공자 문진, 공자 전지, 72제자 그림 등 너무 다양한 문화를 만났다. 공자 문화는 참으로 무궁무진하고 다종다양했다. 이름하여 공자 문화 학법이라 부를 수 있겠다.

공자 달력   논어 문진   염입본이 그린 공자의 72제자

금자학법 25 — 달력 학법

원래 개인적으로 달력을 좋아하는 편이다. 그런데 중국에서 7년 동안 생활을 하면서 도매시장의 달력가게와, 도서 도매시장인 도서비발시장을 알게 되어 자주 갔다.

논어 달력, 손자병법 달력, 노신 달력, 왕양명 달력, 홍루몽 달력, 시사 달력, 시경 달력, 염색 달력, 고사성어 달력까지 있는 것을 보고 너무 놀랐다. 우리나라에는 박경리 달력, 박상륭 달력, 토지 달력, 춘향전 달력이 왜 없을까. 어쨌든 달력을 통해 많은 것을 배울 수 있어서 달력 학법이라 부르게 되었다.

도서비발시장의 달력 판매 코너   손자병법 달력   시경 달력

문화 인물과 문화 상품

여러 기념품을 많이 산 덕분에 한국 돈으로 무려 72만 원이나 되는 대형 『공자성적도』를 구경할 수 있었다. 공묘 앞에 즐비한 골동품 가게, 곡부시(曲阜市)를 달리는 삼륜전동차들. 공자가 곡부를 먹여살린다고 해도 과언이 아니다.

공맹의 고향 여행을 마무리하며 비용을 계산하니 차비나 입장료는 얼마 안 되지만 문화 상품 구입비는 663원, 한국 돈으로 모두 12만 원이 넘었다. 이황(李滉)이나 이이(李珥), 수운 최제우 등 한국인 사상가의 문화 재생산에는 무엇이 있을까? 12만 원 이상으로 지불할 수 있는 것으로. 그런 생각이 들었다.

수운 최제우가 만난 정치사상가들

공자가 아낀 제자, 자공

목적지 하남성 안양시 내황현 전욱제곡릉 / 학벽시 준현의 자공문화광장
경로   석가장 하북과기대학 → 버스로 석가장역 이동 → 기차로 하남성 안양동역 이동 → 택시
      로 안양시 내황현 전욱제곡릉 이동 및 관람 → 택시로 학벽시 준현의 자공문화광장 이동
      → 준현 거리 관람 후 택시로 안양동역 이동 → 기차로 석가장 이동 → 귀가
일시   2018년 5월 12일(당일)

언어에 뛰어났던 공자의 애제자 자공

삼황오제 중 전욱을 찾아 전욱제곡릉을 여행했을 때 공자의 제자 자공
과 관련된 지역에도 들렀다. 자공[3]은 중국 춘추 시대 위나라의 유학자로
본명은 단목사(端木賜)이다. 공자가 아끼는 제자로서 언어에 뛰어나며, 정
치적 수완이 뛰어나 노나라 · 위나라의 재상을
지냈다. 공자를 경제적으로 많이 도와주었다.

자공문화광장에서 만난 구천현녀상

자공을 기념하는 자공문화광장 여행은 삼황
오제 중 한 명인 전욱을 찾는 여행과 겹쳤다. 전
욱제곡릉을 출발하여 북마촌, 대풍촌, 당상촌,
후리촌 등을 지나, 한 패루(牌樓)에 역사문화고성

자공

---

3   端木賜 百科名片(前520~前456)：字子贡, 是孔门七十二贤之一, 他是孔子的得意门生. 且
    列言语科之优异者. 孔子曾称其为"瑚琏之器". 他利口巧辞, 善于雄辩, 且有干济才, 办事
    通达. 曾任鲁, 卫两国之相.

자공문화광장 패루와 자공의 조소상

『회상영적실기』에 실린
〈천녀청강도〉
오른쪽 : 준현거리 옥황각의
구천현녀 소상

(歷史文化古城) 준현(浚縣)이라 쓰여 있는 것을 목격했다. 준현 거리는 대비산(大伾山) 풍경구 입구인데, 이곳은 석각으로 유명하다. 구경하는 것은 그만두고, 준현 거리에 있는 옥황각만 구경했다. 옥황각이란 쉽게 말해 도교 사당이랄까? 이곳에 수운 관련 그림책 『회상영적실기(繪像靈蹟實記)』에 실린 그림 〈천녀청강도〉에서 본 구천현녀의 소상이 있었다. 옥황각에서 지옥 관련 그림도 처음 보게 되었다.

자공문화광장에서 본 것은 '자공문화광장(子貢文化廣場)'이라 써 있는 패루와 자공의 조소상뿐이었다. 결국 학벽시(鶴壁市)에 있는 준현에서는 대비산 앞 준현 거리만 구경한 셈이었다.

수운 최제우가 만난 정치사상가들

공자의 제자 72현

하북과기대학 근처 헌책방에서 발견한 공자의 제자들

비교적 석가장의 변두리에 위치한 하북과기대학은 캠퍼스가 워낙 드넓어, 학교로 들어오고 나가는 문이 모두 네 개다. 동문, 서문, 남문, 북문. 교정 서북쪽 끝에 있는 교사 숙소에서, 보통 시내로 나갈 수 있는 버스를 타러 나가는 문은 동문과 서문 두 곳이다. 서문 밖 길은 먼지 날리는 비포장도로이고 시내버스 노선이 3번과 69번, 두 개밖에 없기 때문에 잘 이용하지 않는다. 남문은 주변에 식당과 택배 취급소, 과일을 파는 포장마차 등이 많아 한국에 택배를 부치거나 과일을 사러 가는 곳이다. 북문은 수위가 지키는 아주 작은 문으로, 민가가 있고 그곳의 주민들이 이용하는 시장이 있다.

2014년 9월, 석가장에 왔을 즈음, 이곳의 대형 마트에서는 달걀을 한 판 30개씩으로만 파는데, 이것을 나 혼자 기한 내에 먹기도 힘들고 마트에서 숙소까지, 달걀 한 판을 들고 오는 일도 보통 일이 아니었다. 그래서 대학 북문 쪽에 있는 주민시장을 이용했다. 이 시장에는 달걀만 취급하는 가게가 있는데 다섯 개든 열 개든 저울로 무게를 달아서 팔기에, 달걀을 사러

하북과기대 북문 밖 헌책방에서 발견한 공자 제자 그림

이 시장을 자주 이용하는 편이었다.

완연한 봄이 느껴지는 어느 날, 점심을 먹고 북문 시장으로 나갔다. 시장 거리의 맨 끝에 있는 헌책방에 들렀다. 원래 한국에서도 대학교와 대학원을 다니던 시절 헌책방에 많이 다닌 편이었다. 헌책방에서 책을 찾으면 마치 보물섬을 찾아가 보물을 캐낸 느낌이었다. 이번에는 공자 제자 72명의 그림책인 『공자칠십이제자도보(孔子七十二弟子圖譜)』를 샀다.

『사기』에 따르면 공자의 제자 중 72명이 육예를 통달했고, 제자로 자처하는 사람의 수가 3,000명을 넘었다고 한다. 공자의 제자들 중에는 특히 뛰어난 열 명의 제자 공문십철(孔門十哲)이 있다. 그들의 이름과 특성을 살펴보면 다음과 같다.

안회(顔回)는 공자의 가르침을 가장 잘 따르는 사람이다.

민자건(閔子騫)은 효행으로 알려진 사람이다.

염백우(冉伯牛)는 덕행으로 뛰어난 사람이다.

중궁(仲弓)은 덕행이 높고 박학하여 국왕이 될 재목이다.

재여(宰予)는 언변이 뛰어난 사람이다.

자공은 영리해서 원칙을 포기하지 않고도 출세하는 방법을 알았으며,

수운 최제우가 만난 정치사상가들

사교에 능해 아첨하지 않고도 섬기는 사람을 기쁘게 할 수 있게 하고, 말을 유창하게 하고 외교관으로서 능력이 뛰어난 사람이다.

염구(冉求)는 화술에 능하여 상대를 부드럽게 설득할 줄 알았다.

유능한 행정가이자 용맹스러운 장수인 자로(子路)는 성격이 곧고 급하여 괄괄해 대처럼 부러지기도 해도 구리처럼 휘지 않았으며 남에게 지기를 싫어했고, 자유(子游)는 문학적 소양이 가장 풍부하며, 자하(子夏)는 문학에 뛰어나고 공자의 가르침을 후세에 전하는 데 공헌하고 있다.[4]

반년 동안 해낸 공자 제자 72명의 전지 작업

| 자장 전손사 | 계차 공석애 | 자석 증점 | 자고 고시 | 자유 유약 |

| 자기 무마시 | 자문 칠조도부 | 자수 상택 | 자기 영기 | 자도 정국 |

4   천웨이핑, 『공자평전 — 유가의 1인자』, 신창호 역, 미다스북스, 2002, 468~479쪽.

자지 진비	자상 공서점	자로 중유	자석 백건	자로 염유
자하 복상	자순 조휼	자연 안회	자건 민손	백우 염경
중궁 염옹	자유 염구	자공 단목사	자아 재여	자유 언언
자여 증삼	자우 담대멸명	자사 원헌	자천 복부제, 사 연급	자장 공야장

수운 최제우가 만난 정치사상가들

자용 남궁괄

로 안무요

자기 숙중회, 자목 상구

자개 칠조개

자주 공백료

자우 사마경

자지 번수

자화 공서적

숙어 양전

자류 안행

자석 해용점, 자산 염계

자석 공손룡

자항 시지상, 자지 공조구자

자남 진조

자검 칠조치

자교 안고

자도 양사적

자명 석작촉

자선 임부제

자리 후처	자개 진염	자비 진상	자주 신당	숙 안지복
자기 현성	행 좌인영	자성 안쾌	자거 보숙승	자성 악해
용 염결	자석 적흑	자속 신정	자렴 규손	자멸 공충
백옥 거애	자개 금뢰	자구 임방	자항 진항	

수운 최제우가 만난 정치사상가들

왕도정치를 주장한 맹자

목적지 산동성 추성시 맹묘 맹부
경로   하북성 석가장 하북과기대학 → 석가장북역에서 기차로 산동성 추성역 이동 → 택시로 곡
        부시까지 택시 이용 하차 → 인력거로 삼공 관람 → 택시로 추성 맹묘 이동 및 관람 →
        택시로 추성역까지 이동 → 기차로 석가장북역 이동 → 귀가
일시   2018년 7월 31일~8월 2일(무박 3일)

산동성 곡부와 추성(鄒城)은 비교적 가까워, 곡부의 공묘를 찾아갈 때 추성의 맹묘(孟廟)를 함께 답사했다.

맹자[5]는 이름은 가(軻), 자는 자여(子輿)로 공자의 사상을 이어 발전시킨 유학자이다. 전국시대 추(鄒)나라 사람으로 공자의 사상을 발전시켜 유교를 후세에 전하는 데 큰 영향을 끼쳤다. 맹자는 공자를 존경하고 공자를 사숙했다. 어려서 자모삼천의 가르침을 받았고, 성장하여 자사(子思)의 문인에게 배웠고 학문을 이루면서 천하의 어지러움을 한탄했으며, 천하를 다스리자는 뜻을 가지고 양혜왕과 제선왕 등을 설득했

맹자

---

5   孟子(前372年~前289年) : 名軻, 字子輿. 战国时期鲁国人, 鲁国庆父后裔. 中国古代著名
     思想家, 教育家, 战国时期儒家代表人物. 著有《孟子》一书. 孟子继承并发扬了孔子的思
     想, 成为仅次于孔子的一代儒家宗师, 有"亚圣"之称, 与孔子合称为"孔孟". 其学说出发点
     为性善论, 提出"仁政", "王道", 主张德治.

산동성 추성시의 맹묘 맹부

추성역 내부 공맹지향과
맹모삼천이 새겨진 세움판

지만 받아들여지지 않았다. 인의(仁義)를 설하고 왕도를 주장한 맹자는 은
퇴하여 문인 만장(萬章)의 무리들과 문답하면서 공자의 뜻을 서술하여 『맹
자』일곱 편을 지었다. 성선론은 맹자 학문의 근본사상이며, 선천양심론(先
天良心論)과 인의를 중시[6]하고 있다.

---

6   宇野哲人, 『중국의 사상』, 박희준 역, 대원사, 1991, 77~81쪽.

수운 최제우가 만난 정치사상가들

충성과 지혜의 화신, 제갈량

목적지 하남성 남양시 무후사 / 호북성 양양시 고륭중 / 섬서성 채가파 오장원제갈량묘

경로 1 하북성 석가장 하북과기대학 → 석가장역에서 기차로 하남성 남양역 이동 → 택시로 의성 사 이동 및 관람 → 택시로 무후사 이동 및 관람 → 택시로 장형박물관 이동 및 관람 → 택시로 남양역 이동 → 기차로 석가장역 이동 → 귀가

경로 2 하북성 석가장 하북과기대학 → 석가장역에서 기차로 호북성 양양역 이동 → 택시로 녹 문산공원 내 맹호연시원까지 이동 및 관람 → 택시로 고륭중까지 이동 및 관람 → 택시로 양양역 이동 → 기차로 석가장역 이동 → 귀가

경로 3 하북성 석가장 하북과기대학 → 석가장역에서 기차로 섬서성 채가파역 이동 → 택시로 주 공묘까지 이동 및 관람 → 택시로 오장원제갈량묘까지 이동 및 관람 → 택시로 채가파역 이동 → 기차로 석가장역 이동 → 귀가

일시 2016년 10월 4일~6일(무박 3일) / 2019년 10월 4일~6일(무박 3일) / 2019년 11월 15일~17 일(무박 3일)

제갈량과 장중경의 도시 남양

여행은 공부다

국경절 연휴에 밤기차를 타고 하남성 남양으로 떠났다. 석가장역에 가 기 위해 교사 숙소를 나오다, 열차 앱에서 하남성 남양역으로 가는 침대차 좌석이 두 개 나온 것을 확인하고는 마음이 바빠졌다. 11시간 동안 일반 기차에 앉아 가느냐, 아니면 침대차에 누워서 편하게 가느냐, 그 여건이 달라지기 때문이다. 택시를 타고 석가장역에 빨리 도착할 생각이었으나 결과적으로 버스를 탔다. 룬펑우진청 정류장에 내리면 조금 더 걸어야 하 기 때문에 디인스[諦音寺] 정류장에서 내려서 석가장역으로 가는 92번 시 내버스를 갈아타야 했는데, 버스는 한참 늦었다.

예매했던 일반 좌석표를 침대차표로 바꾸려고 이 줄 저 줄 옮겨다니며

한 시간이나 기다렸지만, 은행 카드로 결제한 것이라 교환이 안 된다고 한다. 중국어를 못해 한 시간을 허비하고, B선생과 전화는 안 되고, 원래 마음먹은 대로, 불편하지만 일반 좌석을 이용하여 가야 했다.

어쨌든 여행을 하다 보면 많은 것을 발견하게 되고, 많은 것을 공부하게 된다. 주변에서는 혼자서 침대차도 아니고, 일반 기차로 밤 여행을 하는 건 무리라고 말렸다. 힘들어도 국경절 연휴라 여행 후 쉴 수 있다며, 결국 길을 나서게 되었다. 자료를 찾으며 상상하는 것과 실제 답사를 하며 눈으로 보는 것 사이에는 엄청난 차이가 있다.

중국에서 한국어를 가르치는 파견 강사로 올 때, 특별한 개인적 목적이 없다면 중국행을 결심하기 힘들었을 것이다. 특히 교수가 아닌 강사 신분이라 귀국 후 일자리가 확보되어 있지 않았기에 더더욱 고민이 많았다. 한국의 한국어학당에서 총 9년 동안 강사로 있었으니, 강사료도 한국이나 중국이나 거의 비슷하고, 하는 일도 거의 비슷하다. 다만 나의 관념 속의 꿈, 중국을 답사한 특별한 여행기를 만들자는 꿈 때문에, 중국에 파견 강사로 온 것이다. 동학 경전에 나온 중국 인물 관련 논문 4편, 『춘향전』 관련 중국 인물 관련 논문 4편에 등장하는 중국 인물들을 실제 찾아보고 싶었다는 마음이 중국에 파견 강사로 오는 가장 큰 동력이 되었다.

그런데 『동경대전』에 나오는 편작(扁鵲)이란 인물 때문에 편작묘 여행을 갔다가, 그곳에서 중국 고대 명의에 대해 알게 되고, 중국 텔레비전에서 장중경(張仲景) 특집 방송을 보며 전혀 몰랐던 중국 10대 명의 탐방에 마음이 꽂히고 말았다.

중국에서의 나는 미래도 불안하고, 중국어도 잘하지 못한다. 그런 내가 동학 경전의 중국 인물 26명, 『춘향전』의 중국 인물 80명을 모두 탐방한다는 것은 요원한 일이었다. 그래서 우선 방향을 바꾸었다. 중국 10대 명의

수운 최제우가 만난 정치사상가들

는 인원수도 적으니 탐방을 빨리 끝낼 수 있지 않겠는가. 그래서 편작에 이어 중국 10대 명의 두 번째 인물로 장중경을 선택하고, 하남성 남양에 다른 인물의 연고지가 있는지 찾아보니, 제갈량과 장형(張衡)이 있어 같이 탐방하고자 이번에 밤 기차에 올랐다.

석가장역에서 밤기차를 타고 하남성 안양역에서 자정을 넘겼다. 침대차도 아닌 일반 좌석에 앉아 눈을 붙이려고 하나 잠은 오지 않는다. 중국에서 밤기차를 타고 혼자 처음으로 여행을 떠나는 여정이다. 중국에 와서 처음 해본 일이 많았다. 석가장에서 혼자 밤 버스를 타본 것, 혼자 석가장공항을 이용해본 것, 혼자 북경 여행을 다녀온 것, 혼자 하북성이 아닌 다른 성인 산서성(山西省) 여행을 가본 것, 그리고 혼자 하남성 여행도 가봤었다. 그런데 혼자 밤 기차를 타는 것은 중국에서 한국어 강사로 지낸 지 2년 만에 처음이다.

아침 7시 넘어서 기차가 노산(魯山)이란 작은 역을 통과하는데, 이 지역은 갈대같이 생기고 커다란 연분홍색의 술이 있는 식물이 많이 보였다. 또산에는 오동나무가 많았다. 그리고 남소(南召)와 동장(董庄)이란 작은 역을 통과하는데, 이 지역은 장미정원이 많았고, 토란밭에 닭을 방목시켜 키우고 있었다.

장중경의 기념관, 의성사

이렇게 가다 보니, 8시 40분 남양역에 도착했다. 역 앞에 작은 가게에서 남양시 지도를 하나 사고 택시 승강장을 찾으러 가다가, 남양의 역사 인물 초상화가 조성된 벽을 발견했다. 범려(范蠡), 백리해(白里奚), 제갈량, 장중경, 풍우란(馮友蘭) 등이었다.

택시에 올라 연습한 중국어로 취 이성츠[去醫聖祠]라고 했더니, 의성사

(醫聖祠) 앞에 내려주었다. 장중경 기념관인 의성사는 전국중의학문화선전
교육기지라 소개되어 있었다. 사당 앞 거리에 좌판을 깔고 관상을 보는 사
람이 있었는데, 얼굴 그림이 놓여 있어 특이했다. 의성사의 정원에는 명의
조소상들이, 한국 블로그 내용에서 읽은 대로 많이 조성되어 있었다. 이시
진(李時珍), 갈홍(葛洪), 황보밀(皇甫謐), 왕숙화(王叔和), 화타(華佗) 등이었다.

중국 고대의 의사로 557인을 꼽는데, 이 중에는 전설 속의 인물 8인이
포함되었고, 실존인물 449인 중에서는 손사막, 장중경, 갈홍, 편작, 왕숙
화 등만 들어본 이름이다. 한 회랑에는 100가지 서체로 목숨 수(壽) 자가
새겨져 있었다.

와룡선생 제갈량의 무후사

다시 택시를 타고 제갈량 사당인 무후사(武侯祠) 정문에 도착했다. 제갈

제갈량

량[1]은 와룡강 위의 한 마리 용,
지령인걸을 상징하는 와룡담[2]에
서도 그 모습을 볼 수 있다. 중
국 삼국시대 촉한의 승상이었
던 제갈량은 1,700여 년이 지
나도록 지혜의 화신, 정의의 대
표로 칭송받고 있다. 봉건 통치

---

1   诸葛亮 百科名片(181年~234年) : 字孔明, 号卧龙, 汉族, 琅琊阳都人, 蜀汉丞相, 三国时期
    杰出的政治家, 战略家, 发明家, 军事家. 在世时被封为武乡侯, 谥曰忠武侯;后来的东晋政
    权为了推崇诸葛亮的军事才能, 特追封他为武兴王. 代表作有《前出师表》,《后出师表》,《诫
    子书》等

2   제갈량편집팀,『제갈량 문화유산 답사기』, 허유영 역, 에버리치홀딩스, 2007, 42쪽

무후사 와룡담

무후사 사자어구 현판들

자들은 그의 충성심과 성실함, 몸을 돌보지 않고 죽을 때까지 최선을 다한 점을 높이 샀고, 백성들은 현명함과 지략, 청렴함과 공정함을 좋아했다.[3]

무후사를 관람해보니, 제갈량은 관덕문화(官德文化)의 대표로 칭송되고 있었다. 남양 지역과 도교, 불교를 연관시킨 전시관도 있었다. 건물의 여기저기에 사자어구 현판이 많은 편이었다. 그러나 지난봄에 갔던 산서성의 관우사당인 관제묘(關帝廟)에서 본 사자어구 현판보다는 적었다.

계화(桂花)라고 명패를 써 붙인 나무는 처음 보는 나무였다. 와송(瓦松)이 기와 위에서 자라는 것을 처음 봤고, 가로수로 조성된 비파(枇杷)나무 역시 처음 봤다. 비파나무의 수령이 400년, 측백의 수령은 1100년, 무후사 경내의 추수(楸樹)는 수령이 1200년이나 된다. 어쨌든 중국 여행지 어디에서나 고수가 한몫을 한다는 생각은 남양시 여행에서도 들었다.

사당 내에는 『삼국지』 우표를 확대해서 벽화로 조성해놓았고, 전시해놓은 죽간도 한몫을 했다. 정문 앞의 헌책 좌판대에도 제갈량 관련 책들이

3 장주 편, 『와룡의 눈으로 세상을 읽다 ─ 완역 제갈량문집』, 조희천 역, 신원문화사, 2006, 4
   쪽.

무후사 앞 헌책 노점상

많았는데 유적지 앞 헌책 노점상이 있다는 게 특이했다.

장형박물관

다시 택시를 타고 장형박물관(張衡博物館)으로 이동했다. 장형박물관의 입장료는 무료였고 교육기지라 쓰여 있었다. 회랑에는 중국의 유명한 학자들인 화라경(華羅庚), 이사광(李四光), 송응성(宋應星), 서하객(徐霞客), 곽수경(郭守敬), 역도원(酈道元), 조충지(祖冲之), 채륜(蔡倫) 등의 부조물이 있고, 다른 한쪽에는 뉴턴, 아인슈타인, 다윈 등 세계적인 과학자들의 부조물도 있었다.

나의 재미를 적에게 알리지 마라

중국의 브레인뱅크인 의성사와 장형박물관을 탐방하며 많은 생각을 했다. 편작묘의 고대 명의와는 차원이 다른 스케일을 자랑하는 중국 전통 명의 군단 557명, 장중경의 국제적 위상, 중국 과학계와 세계 과학계를 아우르는 교육기지, 이런 것을 생각할 때, 내 세계와 내 자리는 아무 데도 없다. 기득권은 모두 부재이고, 신세계를 건립하는 것밖에 없다.

수운 최제우가 만난 정치사상가들

순간 박상륭 선생님께 들었던 말이 생각났다. 세상은 소수 10%의 브레인뱅크가 이끌어간다는 말씀이었다. 이번 남양 여행에서 중국 역사에 우뚝 선 세 사람, 장중경, 제갈량, 장형을 방문하고, 한편 칭찬의 소리, 비난과 원망의 소리 등을 생각하다 보니 어느새 석가장역이 가까워진다.

망락해[網絡的海洋]를 유영하며 명명화, 규정화 등의 화두가 생겼다. 여행을 통해 자신을 발견해가고 새로운 나, 브레인의 골간을 떠올렸다. 이번 여행을 정리하고 동생 임금희 박사와 함께 사용하는 AZ카페에 사진을 올리면서, '나의 재미를 적게 알리지 마라'라는 말이 저절로 떠올랐다.

제갈량과 맹호연이 기다리는 호북성 양양시

이번에는『춘향전』에 등장하는 맹호연과 제갈량을 만나러 떠나는 여행이다. 오후 3시 20분, 석가장역에서 기차를 타고 호북성으로 출발했다. 중국 기차역에는 많은 정보가 숨어 있다. 도중에 지나친 임성역(臨城站)의 철로변 가림벽에는 임성 지역의 인물과 지리를 소개하는 그림들이 있었다. 교벽생(喬壁生), 왕적(王適) 등과 형요(邢窯), 대호산(大虎山) 등의 그림이었다. 기차를 타고 가는 사람들은 기차 안에서 그런 것들을 보면서 그 지역에 대해 알 수 있다. 다음 역인 학벽역(鶴壁站)도 기하(淇河), 대비산(大伾山) 등의 여행지를 홍보하고 있었다.

양양역에서 미리 만난 제갈량과 맹호연
다음 날 새벽 4시 25분 양양역에 하차하니 초려대전지혜룡중(草廬大戰智慧隆中)이란 광고가 눈에 띄었다. 대합실에 들어가 간단하게 아침을 먹고

양양역 벽의 맹호연 부조물

쪽잠을 청하며, 양양역사 벽에 있는 부조된 인물들의 사진을 살펴보니, 송옥(宋玉), 제갈량, 맹호연(孟浩然) 등이다. 맹호연과 제갈량 유적지로 떠나기 전에, 기차역에서 제갈량과 맹호연 두 인물을 동시에 만나니 너무 신기했다. 송옥은 처음 접하는 인물이라 인터넷을 검색해보니 전국 말기 초나라의 사부가(辭賦家)로 굴원(屈原)의 제자라 한다.

역사에서 나와 잡아 탄 택시의 기사는 특이한 나비 무늬 수가 놓인 청바지를 입은 젊은 사람이었다. 택시로 녹문산공원(鹿門山公園) 입구에 도착하니 무슨 행사가 끝났는지 이런저런 물건이 어지럽게 널려 있었다. 맹호연의 유적지, 맹호연시원(孟浩然詩苑)은 그 공원 안에 있었다.

맹호연시원의 입구와 간이 회랑에는 그의 시가 붙어 있었고, 와불(臥佛) 형상의 맹호연 조소상이 있었다. 들어올 땐 파장 분위기라 몰랐는데 나갈 때 보니 녹문산공원 입구에도 맹호연과 이백(李白)의 시가 붙어 있었다. 녹문산 관광지와 호연시원(浩然詩苑), 춘효각(春曉閣), 삼초정(三艸亭) 모두 맹호연의 시들이 주였다.

고륭중(古隆中) 가는 길, 양양성장(襄陽城墙), 임한문(臨漢門) 그리고 강둑, 나무 장식 사이사이 돌판에 문장이 새겨져 있는데, 우중이라 잘 보이지 않았다.

수운 최제우가 만난 정치사상가들

화장실에서 『논어』와 『삼국지』 공부를

고릉중 화장실 밖에는 『논어』 문장이 붙어 있고, 화장실 안에는 『삼국지』 문장이 붙어 있었다. 입장표를 87원에 끊고, 무료 셔틀버스를 타고 한참 들어가, 무후사(武侯祠)와 융중서원(隆中書院)을 구경했다. 융중서원 한 건물의 처마 밑에는 좁은 공간에도 그림이 그려져 있고, 진짜 와송도 기와지붕 위에 자라고 있었다.

돌아오는 길에 다시 양양역 건물에 부조되어 있는 인물들을 꼼꼼히 살펴보니 송옥, 제갈량, 맹호연 외에 미불(米芾)이란 서예가도 있었다. 기차를 기다리면서 양양역 뒷골목 식당에서 뉘로우미엔[牛肉面]을 먹고, 역 맞은편 KFC에서 아메리카노를 마셨다. 바람이 강하게 불고 비가 몹시 오는 날이라, 우비를 사서 입었어도 썰렁했다. 그러나 화장실 장식이 잘 되어 있는 것은 특별했다.

금자학법 26 — 처마 주변 학법

중국에서 건물 처마 밑 작은 여백이나 좁은 벽 등 처마 주변 공간을 다양하게 활용하는 것을 목격했다. 그림이나 왕조 연대기, 사자어구 편액 등 작은 공간에도 많은 공부 거리가 있어 놀라웠다. 이름하여 처마 주변 학법이라 할 수 있겠다.

고릉중의 처마 밑 좁은 여백의 그림　　　　순제릉의 처마 밑 공간에 부착된 왕 연대기

금자학법 27 — 화장실 학법

고릉중 제갈량 유적지 화장실 밖에는 『논어』 문
장이, 화장실 안에는 『삼국지』 문장이 있었다.
화장실에 그 유적지와 관련된 문장을 붙여놓은
이 방법은 화장실 학법이라 할 수 있겠다.

한신고리에 있는 화장실 내 문장

돌아오는 길에 탄 기차는 호북성에서 출발하여 북경까지 가는 기차이
다. 도중에 지나간 형대역(邢臺站)에 곽수경(郭守敬)의 고향이라 쓰여 있다.
중국의 기차역은 지역사회와 역사적 인물의 홍보방이다. 하북성 형대는
편작묘가 있는 지역이기도 해서, 편작의 두상 같은 것이 빨리 스쳐갔다.
침대차 맞은편 칸에는 젊은 남녀가 자리잡고 있었다. 그들은……

중국의 도로에서 교통수단을 한 번 관찰한 적이 있는데, 아홉 가지도 넘
었다. 인간의 파장과 폭도 그렇게 다양할 것이다. 어쨌든 여행에서 인생
공부와 지리 공부는 확실히 할 수 있다.

압합영역(鴨鴿營站)을 지나니 차창 밖으로 보이는 지붕마다 노란 옥수수
를 널어 말리고 있다. 한국에서는 수확한 옥수수를 어떻게 말릴까. 가을에
강원도 지역을 가보지 않아서 잘 모르겠다.

제갈량과의 마지막 인사

세 번째 이용한 보계역 택시 기사

이번 여행은 주공과 제갈량을 만나러 가는 여행이다. 한 시간 일찍 퇴근
해 여행 준비를 하고, 오후 5시에 하북과기대학 교사 숙소에서 출발했다.

왼쪽 : 주공묘의 시경벽
오른쪽 : 뽕나무 고수

보통 때는 시내버스를 두 번 갈아타는데, 시간의 여유가 없어 택시를 타고 석가장역까지 갔다. 채가파역 기차표는 항상 금방 매진되는데, 운 좋게 이번에 채가파로 떠나는 침대차 표를 끊을 수 있었다. 침대차에서 피곤해서 금방 취침했으나, 중간에 깨서 이거저거 생각이 많았다.

　이번 섬서성 채가파 지역의 여행은 『춘향전』에 나오는 주공(周公)과 관련된 주공묘(周公廟), 그리고 그 지역의 오장원(五丈原) 제갈량묘를 여행하는 코스다. 염제릉과 강자아조어대, 황보밀문화원(皇甫謐文化園), 그리고 이번 여행까지 세 번째로 보계 지역의 택시기사를 이용하게 되었다. 다음 날 아침, 미리 예약한 택시기사를 만나 기산주공묘(岐山周公廟)로 이동했다. 너무 일찍 도착해서 개장 시간까지 30분을 기다려야 했다. 그래서 주공묘 밖의 풍경을 구경하며 사진을 찍었다. 주공묘 입장료는 70원, 65세 이상은 50% 할인된다고 한다. 흰 머리가 많아 노인 할인 얘기를 해준 모양인데, 난 59세라고 말해주었다.

천년 고수들이 지키는 주공의 무덤

이곳은 2년 전 여행한 섬서성 풍경과 비슷했다. 밀밭, 벽 그림, 춘련, 옥수수 말리는 풍경 등, 그런데 주공묘에는 천년 고수가 많아서 아주 인상적이었다. 수령 1300년, 1700년 된 회화나무[槐樹], 누운 뽕나무 와상(臥桑), 수령 110년의 감귤(柑橘)나무, 250년 된 뽕나무, 480년 된 용과괴 등이었다.

주공묘의 역사고사화 그림과 사자어구는 처마 안쪽의 벽그림, 내부 벽의 문장벽으로 되어 있었다. 주공동정(周公東征) 제정주례(制定周禮), 수양채미(首陽採薇) 등. 문왕의 네 번째 아들이자 무왕의 이복동생인 주공(周公), 그리고 소공(召公), 태공(太公), 후직(后稷), 강원(姜源)이란 조소상도 만났다. 한 곳에서는 『시경』의 내용들을 부조물로 만든 시경벽(詩經壁)도 조성해놓았다.

천천히 둘러보다가 택시기사가 빨리 나오라고 하는 바람에 괴성각(魁星閣)은 보지 못했다. 주공묘를 떠나면서 '주원문화(周原文化) 경구'라고 되어 있는 곳을 스쳐갔는데, 주(周)나라 시절의 문물들을 도로 주변에 설치하고 향로도 설치한 것 같다.

제갈량이 영면하고 있는 오장원

오장원 제갈량묘로 갈 때 택시기사가 길을 잘못 들어, 2년 전 황보밀문화원에 가면서 헤매던 것이 생각났다. 이곳은 정전이 공사 중이라 어수선했다. 그런데 건물 뒷면의 벽에 그려진 기린(麒麟)과 호랑이 그림은 처음봤다. 무장비랑(武將碑廊)에는 오반(吳班), 마충(馬忠) 등이, 문신비랑(文臣碑廊)에는 이복(李福), 이회(李恢) 등이 있었다.

12시 넘어 제갈량묘를 출발하면서 택시기사에게 점심을 같이 먹자고

수운 최제우가 만난 정치사상가들

제안했다. 가는 길에 있는 한 국숫집에 들러 기산 지역의 특산인 조자면(臊子面)을 먹었다. 잘게 다진 고기가 많이 들어간 국수였다. 내가 같이 먹자고 했는데, 계산은 택시기사가 했다. 채가파역으로 돌아와 택시비를 더 드렸는데 500원만 받으셨다. 선물로 포장해 간 한국 상품 스카프, 조각보, 헝겊 공깃돌을 드렸다.

섬서성 보계시 채가파 오장원제갈량묘

채가파역 근처에서의 여유

역 근처를 거닐다 아무리 찾아도 커피숍 간판이 보이지 않아 켄터키[肯德基] 커피숍을 물으니, 그것은 없고 매덕사객[迈德思客]을 알려줘 그곳으로 들어갔다. 여행을 끝내고 기차를 기다리면서 낯선 지역의 커피숍을 즐기는 것은 언제나 행복하다. 카페라테[拿铁咖啡] 한 잔과 함께 두 시간 정도

뛰어남의 상징인 기린과 용맹함의 상징인 호랑이 그림

커피숍에 머무르면서 여행 일정들을 정리했다.

기차역으로 가기 전 채가파 지역의 거리를 구경하다가, 우연히 헌책 노점상을 발견했다. 예전 삼중당문고 비슷한 책이 3권에 30원,『삼국고사(三国故事)』상하권,『1918년의 레닌(列宁在1918)』이란 책을 샀다.

채가파역에는 대합실에 화장실과 세면대가 없었다. 보조배터리도 충전할 수 없었다. 여기저기 기웃거리다가, 역에서 이용하는 콘센트를 발견했다. 중국 사람들이 그렇게 이용하는 것을 종종 봤기에, 잠깐 불안한 마음으로 배터리를 꽂고 충전되기를 기다리며 구입한 헌 책들을 구경했다.

역성혁명을 이끈 강태공

목적지 섬서성 보계시 반계 강자아조어대

경로 하북성 석가장 하북과기대학 → 석가장역에서 기차로 섬서성 보계역 이동 → 택시로 염제
　　　릉 이동 및 관람 → 택시로 반계 강자아조어대 이동 및 관람 → 보계역 이동 → 기차로 석
　　　가장역 이동 → 귀가

일시 2017년 9월 8일~9월 10일(무박 3일)

태공이라 불린 강자아

　　섬서성 보계시에 있는 염제릉을 여행하고 보계시 근교 반계(蟠溪) 강자아조어대(姜子牙釣魚臺)를 여행했다. 강자아는 보통 강태공, 태공망(太公望), 여상(呂尙)으로 알려진 인물이다. 강태공[4]의 성은 강(姜)씨이며 원래 주를 건국한 일등 공신이며, 동쪽 끝 해안지대 사람이다. 그는 우(禹)를 도와서 치수에 큰 공을 세웠으며, 우가 순에게서 천하를 이어받았을 때 여(呂)와 신(申) 땅에 봉해졌

강자아

4　姜太公 百科名片(约公元前1128－约公元前1015)：姜姓, 字子牙, 被尊称为太公望, 后人
　　多称其为姜子牙, 姜太公. 中国历史上最享盛名的政治家, 军事家和谋略家.
　　"姜太公", 汉族(华夏族). 尧舜时期, 炎帝后裔伯夷掌四岳, 曾帮助大禹治水立过功, 被封在
　　吕, 子孙从其姓, 吕尚乃伯夷后人, 姜为尚之族姓. 姜子牙出世时, 家境已经败落了, 所以
　　姜子牙年轻的时候干过宰牛卖肉的屠夫, 也开过酒店卖过酒, 聊补无米之炊.

강태공이 때를 기다리며 낚시를 했다는 강자아조어대

다. 여상은 노년에 이르기까지 몹시 곤궁했다. 낚시질이 인연이 되어서 주의 문왕과 가까워지게 되었고, 문왕은 여상에게 태공망이라는 호를 붙여주고 수레에 함께 타고 돌아와 그를 군사(軍師)에 임명했다.[5]

염제릉에서 택시를 타고 보계시 반계의 강자아조어대로 출발했다. 〈봉신영웅(封神英雄)〉이란 드라마에 강자아와 주문왕(周文王)이 나오는데, 이 드라마를 처음 볼 때만 해도 나는 강자아가 강태공이란 사실을 몰랐다.

빗길을 뚫고 강태공의 낚시터로

비가 추적추적 내린다. 오늘 비가 계속 내리느냐, 그치느냐에 따라 여행 노선이 추가될 수도 있다. 강자아조어대가 있는 반계 지역으로 가는 길은 옥수수밭 사이에 난 시골길이며, 거의 일방통행로 같았다.

---

5 사마천, 「위대한 만남 — 병법의 시조 강태공」, 『사기 1 — 패자의 완성』, MOIM 역, 서해문집, 2009, 96~98쪽.

갑자기 택시 앞에 가던 차가 멈추었다. 앞길이 진창이어서 갈 수가 없었던 것이다. 내가 탄 택시도 멈출 수밖에 없었다. 차가 멈춘 지 10분쯤 지났다. 앞차는 이상하게 번호판에 번호가 없었다. 중년의 택시기사가 갑자기 내리더니 그 차로 다가갔다. 기사와 앞차 운전자의 노력으로 차는 소로의 진창을 빠져나오는 데 성공했다. 내가 탄 차도 마침내 다시 출발했다.

강자아의 무덤, 태공묘(太公墓) 옆 측백나무는 당나라 때 심은 것인지 당백(唐柏)이라 쓰여 있고, 수령은 1,300년이라고 한다. 중국의 측백(側柏)은 한국의 측백나무보다는 향나무에 가까운 느낌이 들었다. 중국에 와서 순제릉(舜帝陵)에서 4천 년 된 측백나무도 본 적이 있다.

강자아조어대에서 여기저기 둘러보다가 강태공의 복장을 빌려 입고 사진을 찍을 수 있다는 것을 알았다. 덕분에 나도 하얀 수염을 길게 드리운 강태공이 한순간 되어보았고, 작은 가게에서 강태공 관련 책을 샀다. 태공묘 옆의 음식점 지붕 위에는 와송(瓦松)이 많았다. 서울 낙산공원 아래 지붕까지 높게 조성된 장독대에 색다른 식물만 많이 키우는 집이 있는데 거기에서 딱 한 번 자연산 와송을 본 적이 있다. 중국에 와서는 하남성 남양시(南陽市)의 제갈량 사당 무후사(武侯祠) 지붕에서 처음 자연산 와송을 봤고, 이번이 두 번째이다.

강태공은 주문왕에 의해 발

강자아조어대에 세워진 강태공 조소상

탁되어 전설적인 책사로서 은주 역성혁명을 이끌었다. 그래서인지 강자아 조어대의 냇가 주변에는 강태공과 문왕의 조소상을 조성해놓았다. 강태공 상 근처 양옆에는 군사(君師)들인 제갈량, 한신(韓信), 오기(吳起), 이정(李靖) 등 책사들의 조소상들이 즐비했다.

금자학법 28 — 같은 부류 인물군 집합 학법

강자아조어대는 강태공 관련 유적지다. 강태공 조소상 앞 양쪽으로 즐비하게 책사들 조소상을 조성해놓았다. 같은 부류로 묶이는 인물들의 기념물을 한곳에 조성해놓기 에 많은 정보를 알게 된다는 점에서 금자학법에 넣었다.

강자아조어대에 세워진 책사들의 조소상. 왼쪽부터 제갈량, 오기, 이정

중국에서 여행하며 신기하게 느껴지는 것은, 관련 사항을 모두 기념 물로 조성해놓은 덕분에 많은 관련 정보를 알게 되고, 많은 것을 쉽게 배 울 수 있다는 점이다. 예를 들어 『동경대전』에 편작이란 명의가 나오기에 2016년 하북성 형대시 내구현의 편작묘를 탐방한 적이 있다. 그런데 편작 묘 정원의 한 벽에서 중국 명의 10명의 부조물을 만난 것을 계기로, 중국 고대 10대 명의를 모두 탐방하게 되었다.

『동경대전』에 편작이란 명의
가 나오기에 편작묘를 탐방하
다가 그곳에서 중국 명의들을
만나게 되어 결과적으로 중국
10대 명의를 탐방하게 되었다.
중국 고대 10대 명의는 편작,
화타, 이시진, 장중경, 손사막,

편작묘 정원의 고대 명의 부조물

황보밀, 전을, 갈홍, 엽천사, 주단계를 말한다.

이곳 강자아조어대는 산세가 아주 뛰어난 곳이다. 비가 그친 후라 운무
가 신비스럽게 드리워진 이곳은, 구름과 산, 계곡의 물과 바위 등인 자연
물도 그 기운을 휘어잡아, 산세와 지령이 뛰어난 곳에서 인물이 배출된다

주단계 　 전을 　 황보밀 　 손사막 　 이시진

편작 　 화타 　 장중경 　 엽천사 　 갈홍

는 사실이 실감되었다. 강자아조어대를 구경하고 나오는 길가에서 강자아 조소상을 목격했으나 사진은 못 찍었다. 보계 거리에는 해방군3의원도 있고 와룡대도도 있었다. 택시기사가 칭통치보우관[靑銅器博物館]을 추천했으나, 사양하고 일찌감치 보계역으로 돌아왔다.

중국어를 못 하는 나로서는 여행을 위해서는 내 안에서 강한 용기를 끌어내야 한다. 지난 5월 사드 때 명의가 필요하다고 주문을 걸며, 섬서성 동천시의 손사막기념관을 찾았었다. 하북과기대학 측에서는 9월 사드에도 신변 안전에 관련해서 공문을 내보냈다. 그러나 이번에 여행을 떠나지 않으면 또 시간이 딜레이될 것이고, 기차표 끊기도 어려워질 것이었다. 어쨌든 조심해야 하지만, 한편 나의 백발은 할머니 같은 인상을 주는 외모이기에 여행을 다니면서 한편 안전하다는 생각도 들었다.

하북과기대학 교사 숙소에 돌아와 동생과 통화하니, 고향 신도안의 천진교당이 자신의 집이었고, 문명계이자 인문계로 넘어온 무의식의 터전이었다고 해서, 명의와 부처를 합성한 인물이 되어보라는 덕담을 해줬다.

성리학의 시조, 주돈이

목적지 호남성 침주시 염계서원

경로   하북성 석가장 하북과기대학 → 석가장역에서 기차로 호남성 침주역 이동 → 택시로 염계
      서원까지 이동 및 관람 → 택시로 침주시박물관 이동 및 관람 → 택시로 침주역 이동 →
      기차로 석가장역 이동 → 귀가

일시   2018년 10월 2일~4일(무박 3일)

여행으로 정리해보는 내 인생의 숙제들

여행을 하면서 새로운 것도 많이 발견하지만, 그동안 내 인생까지 다양하게 점검해보는 시간도 될 수 있다. 내 인생에서 남은 과제는 건강의 유지와 좋은 책을 저술하는 일이다. 호남성으로 가는 침대차에 누워, 이 생각 저 생각이 많았다. 공자 72제자의 전지를 모두 오려야 하는데 작업한 것들을 살피니 자장(子張, 전손사[顓孫師]), 자석(子晳 증점[曾點]), 자로(子路 중유[仲由]), 자연(子淵 안회[顏回]), 자건(子騫 민손[閔損]), 백우(伯牛 염경[冉耕]) 등 20명밖에 못 오렸다. 아직 52명의 전지를 더 오려야 했다.

아침 8시 44분 침주역에 하차했다. 역사를 나와 택시를 타고 염계서원(濂溪書院)으로 출발했다. 대절 비용은 500원으로 결정됐다.

호남성은 중국에서 남방 쪽이어서 그런지 가로수로 야자수가 많았다. 산에는 대나무도 많았다. 평화(平和) 양매산(楊梅山), 주란산터널, 육석대교, 유당평고가교, 리전(里田) 금은선(金銀仙)터널, 요강선, 상도촌특대교, 백망배터널, 문명, 령수, 의주 표지판, 오일촌터널 도로표지판을 찍어두었다. 나중에 중국에서 산 그 지역의 지도와 지명들을 대비해보면 중국 지리

공부도 되고, 재미도 있다.

왜 그런지 중국에서는 한국에서와 달리 화장실을 자주 가게 되는데, 중국의 공공화장실은 이용하기 불편한 구조로 되어 있다. 택시를 타고 도심지를 통과할 때는 화장실 안내판이 보이면 잠깐 세워달라고 하면 된다. 그런데 시골과 변두리 지역으로만 가면 화장실이 없다. 먼 목적지까지 가기 전에 볼일이 급한데 화장실이 없다. 결국 택시기사에게 부탁해서 도로 옆 주변을 모색하다가 야산이 나오자 잠깐 세워달라고 부탁했다. 울타리가 처진 산밭에서 급한 용무를 해결하고 주위를 둘러보았다. 도담삼봉 같은 산세가 철학자를 배출하는 터인가? 문학자를 배출하는 터인가? 명의를 배출하는 터인가? 다양한 지역을 여행하다 보니 저절로 그런 생각이 들었다.

견공조차 태극철학을 품은 곳

주돈이[6]는 중국 북송의 사상가이며 호가 염계이다. 그래서 주렴계라고

주돈이

도 한다. 어릴 때 아버지를 사별하고 어머니 슬하에서 자랐다. 송나라 때는 당의 정의류(正義類)가 권위를 잃고 자유토구(自由討究)의 풍조가 일어나고, 불교와 도교의 영향을 받아 새로운 유교 체계가 수립, 이른바 송학(宋學)이 확립되었다. 그는 이 송학의 시조가 되었고, 저서에 『태극도설』과 『통서(通書)』가 있다. 그에 의하면 우주의 본체는 무극(無極)이나 거기에 일종의 작

---

6   周敦颐 百科名片(1017~1073) : 字茂叔, 号濂溪, 汉族, 宋营道楼田堡人, 北宋著名哲学家
     是学术界公认的理学派开山鼻祖. "两汉而下, 儒学几至大坏. 千有余载, 至宋中叶, 周敦颐
     出于舂陵, 乃得圣贤不传之学, 作《太极图说》,《通书》

염계서원의 주돈이 조소상

용이 있는 것이 태극이며 음양(陰陽)의 소장(消長)에 의하여 수(水), 화(火), 금(金), 목(木), 토(土)의 5행에서 다시 오물(五物)이 화생(化生)된다[7]고 한다.

10시 50분 염계서원 근처 뒷골목에 도착했다. 중국인 택시기사는 흥정한 대절 비용 500원 중 400원을 선금으로 달라고 했다.

염계서원 앞으로 다가가니 염계광장이라 하고, 연못에는 이미 피었던 연꽃들이 시들어가고 있다. 연꽃 생김새야 하북과기대학의 호수에 피어 있는 연꽃과 비슷한데, 주돈이의 「애련설(愛蓮說)」 속의 연꽃은 무슨 특별한 의미를 던져주는가?

염계서원에 들어가자마자 중국 전통가옥 형식인 사합원 방식의 2층 건

7   문덕수 편저, 『世界文藝大辭典』, 교육출판공사, 1994, 1659~1660쪽.

태극도설의 현장

물 가운데, 정원 입구에 개 한 마리가 우주 태극철학을 품은 듯 느긋하게 쉬고 있다. 개는 염계서원 정원에 누워 여유를 즐기고 있는 듯하다. 전시실에서 송대(宋代) 이후의 사승(師承) 관계를 설명해놓은 전시물을 둘러보고, 사각형 마당 한가운데 세워진 주돈이 조소상을 다각도로 찍었다. 2층 누각으로 올라가서 1층을 내려보고 뒷산을 바라보니, 우뚝 선 소나무들이 웅장하게 서 있다. 이곳은 주돈이의 저서 『태극도설』이 탄생한 배경지인데 산세가 특이했다. 중국 10대 명화 중의 하나인 왕희맹(王希孟)의 〈천리강산도(千里江山圖)〉의 산세와 비슷한 느낌이다.

근교인 여성현(汝城縣)에서 침주 시내로 거의 1시간 40분쯤을 달리면서 졸다가, 산세를 보다가, 졸다가, 또 보다가 했다. 첩첩산중 산의 모양과 색채가 모두 달라 마치 대관령을 넘는 것 같았다. 시간이 조금 남아 침주문

수운 최제우가 만난 정치사상가들

화센터 안에 있는 침주시박물관을 구경했다. 침주시박물관은 도자기로 만든 우물[陶井] 형상 전시물이 좀 많은 편이고, 다른 것은 별로 색다른 게 없었다. 침주문화센터 4층을 빌려 전시를 하고 있기에, 도서관 및 박물관이 모두 침주문화센터에 공존하고 있는 것 같다.

운명의 퍼즐, 우주의 퍼즐 맞추기

침대차를 타고 침주역을 출발해 잠이 들었다가 중간중간 깼다. 배터리도 없고, 먹을 것도 없고, 자리가 창가도 아니고, 이럴 때면 의외로 할 일이 없다는 것이 자각된다. 한여름에 도연명기념관으로 여행했을 때 폭우지변으로 8시간이나 정차한 적이 있는데, 그때와는 또 다르게 느껴지는 시간이다.

나의 중국 여행은 물론 미리 탐방할 곳을 정하고 기차표를 예매하는 계획된 여행이지만, 많은 것을 발견하고 무의식에서 빠져나오는 계기가 된다. 여행을 통해 나라는 객체, 나라는 생명의 현상을 분리시키는 연습을 하는 것 같다. 중국에서의 나의 일상은 교원으로서 수업 준비와 진행, 저술가로서 여행기 작업과 그 준비, 물리적으로 노인으로 가는 길목에서의 건강 챙기기, 기타 행사 체험 등이 대부분이다. 개인적 관계는 별로 없는 셈이다.

도착역까지는 4시간 반이 남았으니 배낭에 항상 가지고 다니는 커피믹스를 타서 한 잔 마시고, 이번 탐방지 관련된 메모를 살폈다. 생각에 생각이 꼬리를 물었다. 『태극도설』과 철학 태생지, 그렇다면 작가들의 문학 태생지, 명의들의 명의 태생지와 그 관련성, 주돈이는 연화(蓮花)를 군자지도(君子之道)라고 했다. 공부와 독서, 성조를 열심히 해야 할 것이다. 내 관념의 사승(師承) 관계는 박상륭과 수운이라고 정리되었다. 탐방 공부, 지금도 중국 각지를 다니며, 새로운 개안을 불러일으킨다. 나라는 생명 태생의 퍼즐과 운명의 퍼즐을 우주의 퍼즐과 열쇠로 주돈이가 맞춰준다는 생각이 들었다.

그때 주돈이 관련해서 메모한 내용들을 소개하면 아래와 같다.

여성현오리(汝城縣五里 : 여성현에서 5리 지역)

산환수포(山環水抱 : 산이 둘러싸이고 물이 감싸고 있다)

임목무예(林木茂翳 : 수목은 우거지고)

계류청설(溪流淸瀉 : 시냇물이 매우 빠르게 흐르며)

영우기간(縈紆期間 : 구불구불 휘감게 되어)

차지명주가만(此地名朱家灣 : 이곳을 주가만이라 부르게 되었다)

주돈이재차견래수(周敦頤在此見來水 : 주돈이는 이곳에 와서 물을 보며)

완정정S형곡관촌자(蜿蜒呈S形曲貫村子 : 꿈틀꿈틀 기어가는 S형 곡선이 이 마을을 관통한다고 봤다.)

교사 숙소에 도착한 뒤 사진 정리 작업을 했다. 확실히 여행을 하면 기존에 알고 있던 정보를, 더 깊게, 더 다양하게, 알아갈 수 있다. 『태극도설』이란 사상이 잉태될 수 있다는 시원이 있다는 것이 참 신기하다.

금요일 밤이면 언제나 기차를 타고 중국 여행을 떠나지만, 국경절 연휴는 1주일의 가을 휴가를 받은 느낌이다. 기차표만 있다면 먼 거리 여행을 떠날 수 있는 시간들이다.

수운 최제우가 만난 정치사상가들

학교 교문이나 부조물에 명언 등이 쓰여 있고 역사적 인물들의 초상이 새겨져 있어서 교문을 통해서도 많이 알 수 있어서, 이를 교문 학법이라 할 수 있겠다.

석가장23중학교 교문 안쪽의 공자와
소크라테스 부조물

하북사대부중 정문의
공자와 한유 부조물

12중학교 정문, 뉴턴과
공자 부조물

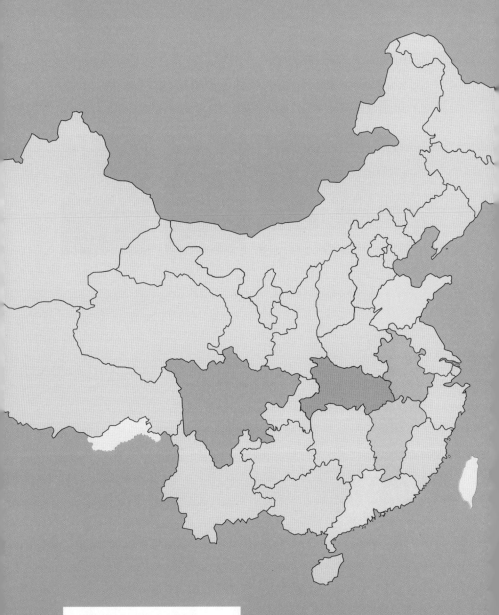

■ **호북성** 동파적벽(호북성 황강시)
■ **광동성** 동파기념관(광동성 혜주시)
■ **산동성** 왕희지고거(산동성 임기시)
■ **강서성** 도연명기념관(강서성 구강시)
■ **안휘성** 행화촌(안휘성 지주시)
■ **사천성** 이백기념관(사천성 면양시 강유시)

수운 최제우가 만난

문화예술인들

소동파   왕희지   도연명   두목지   이백

청강지호호혜淸江之浩浩兮 소자여객풍류蘇子與客風流

(맑은 강의 넓고 넓음이여, 소동파와 손님의 풍류로다.)

『동경대전』 중 「화결시」에서

미재美哉 오도지행吾道之行 투필성자投筆成字

인역의왕희지적人亦疑王羲之迹 개구창운開口唱韻

숙부복초부지전孰不服樵夫之前

(아름답도다, 우리 도의 행함이여. 붓을 들어 글을 쓰니 사람들이 왕희지의 필적인가
의심하고, 입을 열어 운을 부르니 누가 나무꾼 앞에서 머리를 숙이지 않겠는가.)

『동경대전』 중 「수덕문」에서

청풍지서서혜淸風之徐徐兮 오류선생각비五柳先生覺非

(맑은 바람이 서서히 붊이여, 오류선생이 잘못을 깨달음이라.)

『동경대전』 중 「화결시」에서

아들아기 탄생誕生하니 기남자奇男子 아닐런가

얼굴은 관옥冠玉이요 풍채風采는 두목지杜牧之라

『용담유사』 중 「몽중노소문답가」에서

명월지명명혜明月之明明兮 왈태백지소포日太白之所抱

(밝은 달의 밝고 밝음이여, 이태백이 안으려던 바요.)

『동경대전』 중 「화결시」에서

풍류문인 소동파

목적지 호북성 황강시 동파적벽 / 광동성 혜주시 서호 동파기념관
경로 1 하북성 석가장 하북과기대학 → 석가장역에서 기차로 호북성 황석역 이동 → 택시로 이시
    진기념관 이동 및 관람 → 택시로 동파적벽 이동 및 관람 → 택시로 악주역 이동 → 기차
    로 석가장역 이동 → 귀가
경로 2 하북성 석가장 하북과기대학 → 석가장북역에서 기차로 광동성 혜주역 이동 → 택시로 갈
    홍박물관 이동 및 관람 → 택시로 혜주 서호 이동, 서호 내 동파기념관 관람 → 택시로 혜
    주역 이동 → 기차로 석가장북역 이동 → 귀가
일시 2017년 4월 1일~4월 3일(무박 3일) / 2018년 1월 23일~1월 25일(무박 3일)

적벽을 노닐던 동파의 작품세계

석가장역 전광판에 기차가 정시보다 연착된다는 안내문이 떴다. 대합실
에서 우연히 만난 세종학당 학생은 주말이라 형대(邢臺)에 있는 집에 간다
고 한다. 기차는 역을 출발하여 달리는데, 초록색 밀밭 주변에 하얀 오동
나무꽃이 많이 핀 것이 보였다. 하북과기대학 남문 근처에 있는 보라색 오
동나무꽃은 언제 필지 감감무소식인데, 하얀색 오동나무꽃은 보라색 오동
나무꽃보다 먼저 피는 것인가. 초록 밀밭, 하얀 오동나무꽃, 노란 유채꽃
들을 보며 떠나는 여행. 함께 파견 와 있는 한국인 선생들이 사드 여파에
중국의 분위기가 안 좋으니 멀리 여행을 가지 말라고 만류했지만, 나는 여
행을 강행했다.

여행에 대한 강한 힘의 에너지는 무엇일까?

역설적으로 나의 강한 여행에 대한 힘의 에너지는 무엇일까. 내 무의식
에 잠재되어 있는 요소들이 만병 트라우마 환자처럼 느껴지기에, 나에게

절대 필요한 사람이 명의가 아닌가 하는 생각이 들었다.

차창 밖으로 펼쳐진 가도가도 끝이 없는 대지를 바라보며, 중국의 광활한 땅과 부의 생성을 연결시켜 생각해보았다. 빨간 지붕에 노란 벽으로 된 형대역을 지나고, 분홍색 복숭아꽃이 피어 있는 과수원도 지나갔다. 이번 목적지인 호북성은 처음 가보는 성이다. 명의 이시진의 고향 기춘(蘄春)과 황강시에 있는 동파적벽(東坡赤壁)을 찾아서 떠나는 여행이다. 가다 보니 초록색 밀밭의 면적이 점점 넓어지고 있다.

내가 우주적 트라우마를 앓았고 또 치유된 경험자라, 같은 증세를 보이는 사람을 유난히 잘 알아보는 편이다. 이러한 사안들은 문제 아닌 문제여서 명의가 계속 필요하다고 내면에서 강변하기도 한다. 언젠가 나는 중국 명의 문화 여행기를 쓰고 싶다.

하남성 안양역에도 많은 사람들이 내리고 탔다. 안양은 2년 전 A선생과 같이 여행하며 은허(殷墟)박물관과 중국문자박물관을 둘러본 곳이다. 기차 간에서 어떤 중국인 엄마가 남자아이에게 라면을 먹이고 있었다. 라면을 먹을 때 김치가 필수인 우리나라 사람들과는 달리, 중국 사람들은 그냥 라면만 먹거나 아니면 라면에 소시지 한 개를 넣어 같이 먹는다. 라면과 김치가 찰떡 궁합이라고 생각하는 한국인으로서 중국인들이 라면 먹는 모습이 기이해 보인다.

기차 안에서 자연스럽게 4월 2일로 넘어갔다. 밤새도록 아저씨 승객 두 명이 큰 목소리로 대화 중이라 귀에 거슬렸다. 안 그래도 에너지 넘치는 사람 옆에서는 기력이 빨려 나가는 편인데, 그렇다고 뭐라고 항의할 만큼 중국어를 하지도 못하니 몇 시간 동안 그저 참아야 했다.

꼬박 열두 시간 걸려 5시 20분 황석역에서 하차하여 석가장으로 돌아가기 위해 예매한 표를 보여주고 대합실을 이용한 다음 역 밖으로 나오니,

이곳에서도 서로 자기 택시를 이용하라는 기사들의 아우성이 도떼기 시장 같다. 어쩌면 새벽부터 터져나오는 생존에 대한 열정인지도 모르겠다.

안개도시의 향장수 가로수들

6시 넘어 택시를 타고 황석역을 출발했다. 가로수로 심어진 나무들이 처음 보는 나무라 이름을 물어보니, 향장수(香樟樹)라고 한다. 그 밖에도 택시가 달리는 주변 풍광에는 오동나무와 유채꽃이 여기저기 많이 보였다. 길가에는 억새 같은 풀이 아주 길게 자라 있었다.

황석이 원래 안개가 자주 끼는 도시인지, 아니면 새벽이라 그런지 안개가 너무 자욱하여 안개 속에서 간간이 나무들만 보이는데, 의외로 까치집이 많았다. 호반의 도시인 기춘의 생태군은 무엇일까? 비닐하우스와 유채꽃이 계속 보였고, 계단식 밭에도 유채꽃이 많이 보였다.

장강(長江)이란 도로 표지판을 스쳐가며, 옛날에 많이 들었던 도올 김용옥 교수의 특강에서 장강에 대해 설명을 들었던 것이 생각났다. 한 시간 넘게 달려 명의 이시진의 기념관 앞에 도착했다. 4월 5일 청명절(淸明節) 전이라 여기저기 울긋불긋한 조화를 파는 가게가 아주 많았다. 이시진기념관 바로 앞 한 나무에 흰 꽃이 피어 있었다. 나중에 알게 된 이름은 석남화(石楠花)라고 했다.

석가장 하북과기대학에 온 후 캠퍼스를 오가다가 처음 보

석남화

는 나무가 많고 신기해서 식물 채집을 하다가, 북경 노신박물관에서 노신이 무궁화를 채집한 표본과 중국 텔레비전에서 200년 된 식물 채집 표본을 우연히 본 후, 식물 채집에 더 관심을 갖게 되었다. 자엽리(紫葉李), 용과괴(龍瓜槐), 백랍(白臘, 물푸레나무), 저실자(楮實子, 닥나무), 납매(臘梅), 서하류(西河柳), 지황(地黃) 등등.

기념관 앞에는 나 외에도 일찍 와 있는 중국인 관람객들이 있었다. 강서성(江西省) 의춘(宜春)에서 4시간 걸려 온 사람도 있고, 하남성 낙양(洛陽)에서 7시간 걸려 왔다는 사람도 있었다. 박물관 개문 시간은 8시 반이 아니라 9시라고 한다. 그런데 어떤 여자가 기념관 안쪽으로 들어가길래 나도 따라 들어가보았다. 처음엔 들어오면 안 된다고 해서 되돌아오는데, 그냥 들어오라고 해서 9시 전까지 먼저 이시진기념관의 후원을 둘러봤다.

이시진 묘역에 있는 이시진의 부모 합장묘

이시진과 『본초강목』

후원에서 약초 바구니를 등에 멘 이시진 조소상과 능원을 먼저 보게 되었다. 능원 내 묘지에는 한국에서 명절날 차례 때 쓰는 지방(紙榜)에 나오는 말들인 선비(先妣), 선고(先考), 유인(孺人), 현비(顯妣)[1] 등의 단어가 쓰여 있었다. 이시진의 부모, 그리고 이시진 부부의 묘였다. 하얀 함박꽃인 백작약(白芍藥)

---

1 '선비'는 남에게 돌아가신 자기 어머니를 이르는 말. '선고'는 남에게 돌아가신 자기 아버지를 이르는 말. '유인'은 생전에 벼슬하지 못한 사람의 아내의 신주나 명정에 쓰던 존칭. '현비'는 남에게 돌아가신 자기 어머니를 이르는 말.

수운 최제우가 만난 문화예술인들

을 구경한 뒤, 9시가 넘어 입구로 다시 오니,
무료 관람이라고 한다.

『본초강목』에 나오는 냉이 부조물

이시진기념관은 물론 중국의 무료 관광지는
대개 별로 볼 게 없는 편이다. 안휘성 박주(亳
州) 근교에 있는 장자사(莊子祠)도 무료 관람이
었는데 그다지 볼 만한 게 없었다. 그러나 이시
진기념관 양측 회랑에는『본초강목(本草綱目)』
에 나오는 동식물을 부조로 만들어 전시해놓
은 것은 좀 인상적이었다.

기념관 앞에는 호수가 하나 있었다. 이름은 청수하(靑水河)라고 한다. 여
기저기 노란 유채꽃이 많아서 호북성이 아닌 운남성에 온 느낌이 들었다.
가로수 아래 노란 유채꽃밭이 길게 길게 이어졌고, 계단식 밭에도 노란 유
채꽃이 많이 피어 있었다.

중국에서 여행을 하다 보면 유명한 인물의 이름값이 그들의 고향으로
사람들을 부른다고 자주 생각하게 되었다. 장자와 노자가 내 영혼을 불러
서, 결국 장자의 고향인 안휘성 박주 근교 몽성현을 가고, 노자의 고향인
하남성 주구(周口) 근교 녹읍현(鹿邑縣)을 가고, 그리고 이번 호북성 황강시
근교 기춘의 이시진이 내 영혼을 부르는 것 같았다.

당송 8대가 소동파

택시는 12시쯤에 황강시 동파적벽 앞에 도착했다. 소동파로 알려진 소
식[2]은 중국 북송 때 시인이며 문장가다. 산문, 시, 사에 당대 제1급의 문인

---

2 苏轼 百科名片(1037~1101) : 字子瞻, 又字和仲, 号"东坡居士", 世人称其为"苏东坡". 漢族,

소동파

이며, 당송 8대가의 한 사람이다. 진사에 급제 후 직사관이 되었으나, 신종 때 왕안석과 의견이 대립하면서, 절강의 항주, 산동의 밀주, 강소의 서주, 절강의 호주 등의 지방관으로 돌다가 44세 때 필화사건으로 투옥, 이어서 호북 황주로 좌천되었다. 그리고 그곳에서 「적벽부(赤壁賦)」를 지었다.[3]

시를 즐기고, 그림을 즐기고, 문장을 즐기고, 풍류를 즐겼던 소동파의 모든 것을 담아낸, 거의 1km쯤 되는 동파적벽의 회

동파적벽

眉州人, 祖籍欒城. 北宋著名文学家, 书画家, 词人, 诗人, 美食家, 唐宋八大家之一, 豪放派词人代表. 其诗, 词, 赋, 散文, 均成就极高, 且善书法和绘画, 是中国文学艺术史上罕见的全才, 也是中国数千年历史上被公认文学艺术造诣最杰出的大家之一.

3 문덕수 편저, 『世界文藝大辭典』, 979쪽.

수운 최제우가 만난 문화예술인들

랑이 장관이었다. 자연과 문화가 완벽하게
조화를 이루며 공존하고 있었다. 중국은
시서화(詩書畵)의 전통이 한국과 다르게 이
어져서 문예 대중인 문중(文衆), 시의 대중
인 시중(詩衆), 그림의 대중인 화중(畫衆)이
라는 군중이 각각 형성된 것일까 생각해보
았다.

소동파 조소상

동파적벽 관람을 마치고 다시 택시를 타
고 호북성 악주역에 도착했다. 여행을 하
다 보면 알게 되는 팁이 있는데, 몸이 너무
뻐근할 때 역 구내에 있는 자동 안마기를
이용하는 것도 그중 하나다. 30분 이용하는 데 50원이다.

금자학법 31 — 탁본 학법

동파적벽 기념품 가게에서 탁본을 대단위로 팔고 있었다. 이것을 보면서 탁본도 하나
의 예술이며 학법이라 생각하게 되었다. 탁본은 문장과 그림, 인물화 등 다양하다. 이
탁본을 통해 많은 것을 배울 수 있게 되어 탁본 학법이라 부를 수 있겠다.

동파적벽 기념품 가게에서 판매하는 탁본

서주한문화경구에서의 탁본

천고영웅, 만고영웅

기차에서 4월 3일이 되었다. 한식, 중국에서는 청명절이라 부른다. 한국 사람이나 중국 사람이나 조상을 생각하는 마음은 똑같다. 그동안 하북성이나 하남성, 산서성 등을 여행할 때 평지에 많았던 묘지들이 한국인인 나에게는 좀 낯설었다. 그러나 호북성은 산에 묘지가 많았다.

먹고사는 걱정이 없다면 그것을 영속적으로 유지하고 싶은 것이 인간의 본성이다. 아들을 낳아 대를 잇기를 원하고, 문화를 계승하기를 원하는 건 시간의 영속성에 대한 자신감이 있기 때문인가. 중국에서 여행을 하다 보면 천고영웅(千古英雄), 만고영웅(萬古英雄), 교육기지(敎育基地)라는 말들을 자주 접하게 된다. 천년, 만년 변하지 않고 영웅의 명성이 이어지도록 문화를 후대에 전승하고자 하는 중국인들의 의지가 느껴진다.

사드 시국인 데다 혼자 떠나는 일반 좌석 여행이라 많이 걱정을 했으나, 결과적으로 하북성에서 호북성까지 잘 갔다 왔다. 이시진의 고향 기춘의 자연 조건, 소동파 관련 동파적벽의 긴 회랑, 중국문화의 영속성, 초록 대지와 흰 오동나무꽃들을 보며, 결과적으로 성공적인 여행이라 자평했다.

광동성, 28시간의 시간 여행

석가장에 눈이 내리고, 갑자기 단수가 되었다. 숙소에서 시간을 보내면서 한대(漢代) 화상석(畵像石) 복희와 여와의 전지를 오렸다. 천자문(千字文), 당시(唐詩)와 송사(宋詞) 능력을 겨루는 중국시사대회, 산해경(山海經) 등 이미 여러 가지를 찾았기에, 중국의 문화에서 다섯 겹이 중첩된 문화를 찾은 셈이다. 중국에서 생활하며 자주 반복되는 양상 중에 대단하게 거론

수운 최제우가 만난 문화예술인들

되는 것들은 대개 다섯 가지 내용이나 형식이 중첩된 양상을 띤다는 공통점을 발견한 후, 이 방법은 아주 풍부하고 다양한 느낌을 던져준다고 생각하게 되었다. 이 점은 배울 점이라고 생각한다.

이번 여행은 광동성 혜주(惠州)의 라부산(羅浮山) 갈홍박물관과 동파기념관을 둘러보는 일정이다. 베란다 창밖으로 도로 상황을 살펴보니, 학교 서문 쪽으로 69번과 3번 시내버스가 정상적으로 다니는 것이 보였다. 단수후 물이 나와 머리를 감고 빨래를 했다.

중국에서 해본 여행 중 가장 긴 경로인 28시간 기차 여행에 도전할 예정이다. 하북성, 안휘성, 하남성, 호북성, 강서성, 광동성, 산동성 총 7개 성을 경유하게 될 것이다.

석가장북역 대합실의 불빛이 좀 어두운 편이어서 책을 볼 수가 없다. 그래서 털실로 목도리를 뜨면서 기차를 기다리기로 했다. 28시간 동안 기차를 타야 하는데 잠만 자기에는 너무나 긴 시간이라 뜨개질거리를 챙겨온 것이다. 그런데 나의 뜨개질 방법이 마음에 안 들었는지 아니면 중국과 다른 뜨개질 방법인지, 중국인 아줌마가 잠깐 내 뜨개질거리를 달라고 하더니 시범을 보여주었다.

소수의 리더가 역사를 이끌어간다

석가장의 박물관, 시내버스에 붙은 명문장, 하북과기대학 근교인 남률(南栗) 동네에 세워진 중국 역사 인물들의 흉상, 또 하북성도서관 화장실 위 여백 공간의 역사적 인물들의 부조물, 대형 도매서점의 내부 기둥마다 나붙은 유명한 독서 문장들이나 명언들, 캠퍼스 곳곳에 세워둔 명언 문장 등.

3년 전, 중국에 한국어 강사로 와서, 하북성도서관, 하북박물관, 신화서점(新華書店), 서예교실, 전지전습관(剪紙傳習館), 수기치료실, 그 밖의 여러 곳에서 중국을 느꼈다. 또 중국의 텔레비전 프로그램을 보며 누적된 역사와 문화유산에 깊은 인상을 받았다.

소수의 지도자들이 어떻게 역사를 이끌어가는 것일까? 대지(大地)처럼 그냥 대(代)를 이어가다가 거인(巨人)이나 대인(大人)이 한 명씩 나오면 되는 것인가? 한국에는 '사공이 많으면 배가 산으로 간다'는 속담이 있지만 산이 별로 없는 하남성에서는 '사공이 많으면 배가 밭으로 간다'고 표현을 바꿔야 할 것 같다. 하북성과 하남성 지역의 산에서 묘소를 거의 본 적이 없다. 묘소는 대부분 밭이나 나무 아래에 있다. 평지에 묘지를 만드는 중국과 산에 매장하는 한국, 무슨 차이인가?

중국 문화에서 궁금한 게 생길 때마다 여러 가지로 내 호기심을 풀어준 사람들은 석가장의 한인교회 사람들, 그리고 수기치료집 왕 라오스[王老师], 서예교실의 소 라오스[蘇老师], 석가장에 놀러왔던 동생이 하북박물관에 갔다가 가져온 명함을 보고 연락해서 알게 된 전지전습관의 조 라오스[趙老师], 이렇게 세 명의 중국인 선생님이다.

주말에만 주로 여행을 다니다가, 방학이라 처음 평일 여행을 해보는데, 나름 호젓함이 느껴진다. 호북성의 대지에는 배추밭이 자주 보인다. 겨울이 무척 풍요로워 보인다.

기차 안에서 계속 창밖을 보며 뜨개질을 했다. 털실이 부족해 목도리는 완성되지 못했다. 돌아가서 마저 떠야겠다. 시간을 보내기 위해 가져온 당시(唐詩)의 병음 공부 노트도 다 썼다.

머릿속으로 중국에서 보낸 3년 반을 반추해보면, 여행, 소설『구가장』소설 집필, 〈만룡보〉 그림이나 조소상이 있는 만인의 사람 모티브 채집 등만 해왔다. 그 외에 책값을 벌어야 하고, 한국의 집 빚을 갚아야 하고, 글

수운 최제우가 만난 문화예술인들

을 잘 엮어내야 한다는 강박관념들이 나를 강하게 짓누른다. 그리고 소설의 탈고와 부채 상환이 3년이면 가능할까? 이곳 중국에서 내가 생활하며 접한 여러 콘텐츠를 꽉 붙잡아야 빚을 갚을 수 있을 것인가? 비교적 친하게 지내던 A선생과 C선생 모두 한국으로 귀국해버리고, 홀로 남은 중국에서 환갑을 지내고 나면, 내 인생의 모든 빚과 모든 업(業)이 끝나는 것인가? 석가장과 하북과기대학의 나무와 꽃들, 거리거리 벽에 붙은 전지 작품들, 서점 기둥에 씌어진 좋은 문장들, 박물관과 마트, 도서관과 공원의 서예 예술과 전지 예술, 조소 예술 내가 모두 좋아하는 장르이다. 나의 자아의 분신들을 시시씨(時視氏), 천추씨(千秋氏), 도도씨(道圖氏)로 명명하고 시간을 보는 사람들과 천년의 시간관 소유자와 도반이 가능할 것인가?

중국 10대 명의의 한 명 갈홍의 박물관

새벽 3시에 혜주역에서 내렸다. 너무 이른 새벽이라 길을 떠날 수가 없어 혜주역 구내에 들어가 기다렸다가, 7시쯤 택시를 탔다.

택시는 소금구(小金口)라는 톨게이트를 통과했다. 처음 와본 중국 남쪽 광동성에서는 한겨울에도 나무가 푸르고, 꽃들이 피어 있었다. 석가장 시내 인민공원(人民公園)에서 본 적이 있는 분홍색 꽃은 중국어로는 삼각매(三角梅), 엽자매(葉子梅)라고 하고 한국에서는 부겐빌레아라 부른다. 당연히 이곳의 부겐빌레아가 석가장에서 본 것보다 더 크고 꽃들이 많이

갈홍박물관의 부겐빌레아

라부산 갈홍박물관 입구 계단 난간 여백 면에 새겨진 갈홍 스토리

피어 있다.

주변 산에는 죽순도 많이 나오고, 바나나인지 파초와 닮은 식물의 과수원을 아주 많이 스쳐갔다. 8시 10분 라부산 입구에 도착했다. 택시비와 톨게이트비를 합쳐 193원이며, 갈홍박물관의 입장료는 무료였다.

갈홍박물관 입구를 걸어 올라가는 층계 난간에는 조금 여백이 있는 곳마다 갈홍 관련 이야기와 그림들이 많이 들어 있었다. 그림이 인상적이어서, 전지 스토리로 쓰려고 헌팅했다. 전지를 배운 이후 전지에 적합한 것을 볼 때마다 채록하고 있다. 안휘성 박주(亳州)의 화타기념관(華佗紀念館)처럼 이곳에도 식물 채집 표본이 많이 전시되어 있었다. 오금희(五禽戱) 인형도 화타기념관에서 본 것과 같았다.

박물관 내부에서는 동굴과 암벽의 재현 공간이 특이하게 느껴졌다. 개똥쑥인 청호(青蒿)가 소개되고, 노벨생리학, 의학상 수상자 도유유(屠呦呦)와 노벨의 두상과 노벨이 새겨진 탁자도 놓여 있었다. 손사막기념관에서는 히포크라테스의 두상을 봤고, 이곳에는 노벨의 두상이 있는 것이다. 또 동영상 전시 기법이 아주 특이했는데, 물속에 물고기와 물풀이 실제처럼 움직이게 해놓았다.

수운 최제우가 만난 문화예술인들

중국 10대 명의를 탐방하는 숙제 중 하나로, 갈홍 탐방을 끝냈다. 아직도 세 명의 명의가 남아 있다. 주단계(朱丹溪), 엽천사(葉天士), 전을(錢乙)이다.

용수

갈홍박물관에서 나와 택시 기사를 기다리며, 라부산 입구 주변의 나무들을 관찰했다. 이 박물관이 있는 위치가 배산임수가 잘 되어 있는 아주 좋은 곳 같았다. 광동성의 겨울은 봄철과 비슷했다. 입고 갔던 두꺼운 겨울 외투가 너무 덥고 무거웠다. 라부산 갈홍박물관 입구에는 약초와 약재, 양생 관련 상가들이 주종을 이룬다. 산 관련 관광 명소의 특징이 비슷할까?

섬서성 동천(銅川) 약왕산(藥王山)의 손사막(孫思邈)처럼 갈홍은 신선으로 많이 언급되었다. 어쨌든 10대 명의 중 손사막, 편작 관련 유적지가 모두 산이 좋은 곳에 있다. 이곳엔 수종이 많고, 나무에 명패도 많이 부착되어 있었다. 추풍(秋楓 : 자바니카비스코피아)은 수령 150년이라 쓰여 있다. 가로수 중에 용수(龍樹)도 있었다. 예전에 성신여대 한국어학당의 중국 유학생이 알려준 나무다. 나무뿌리 같은 것이 나무줄기에 쭉 늘어져 있는 나무. 그 유학생 얘기에 따르면, 바진[巴金]의 「새의 천당(小鳥天堂)」이란 작품에 아주 큰 용수가 나오는데, 실제로 광동성에 있는 나무로서 한 그루의 용수가 뻗어 있는 면적이 무려 1만여 제곱미터나 된다고 한다.

동파기념관에서

갈홍박물관에서 택시를 타고 서호 입구에 도착했다. 택시비는 210원이

동파기념관

었고, 공원 안 동파기념관은 입장료가 무료였다. 소동파의 부인 왕조운(王朝雲) 조소상, 소동파의 석상, 소동파 부부의 조소상, 사각 기둥으로 조성해놓은 「적벽부」 기념석비도 인상적이었다.

나만의 산해경 만들기

이번 여행 중 택시 기사가 약속 시간보다 7분 늦게 오는 바람에 순간적으로 긴장했다. 낯선 지역에서 중국어도 못하는 내가, 택시 기사가 안 올까 봐 걱정이 되면서, 여행 중에는 비자금이 더욱 많아야 안심된다는 것을 다시 실감했다. 시간이 늦어도, 기차를 혹시 못 타도, 다른 대안이 있어야 한다.

28시간이 걸린 기차 여행이자, 중국 동남부 지역 7개 성을 모두 통과한 이번 광동성 여행에서는 색다르고 다양한 것들을 많이 볼 수 있었다. 중국에 와서 내가 처음 접하는 것은 나의 산해경 종류에 편입시키곤 한다. 이곳에서도 나의 산해경에 들어갈 콘텐츠를 조금 헌팅한 셈이다.

이번 여행에서 처음 본 꽃들이 많았다. 찍은 사진들을 성신여대 유학생이었던 광동성에 사는 제자 길류에게 보내 꽃 이름을 물어보았다. 포장화

수운 최제우가 만난 문화예술인들

(炮仗花), 주앵화(朱纓花) 또는 미주합환(美洲合歡)이라는, 새로운 지식을 얻었다.

계절을 넘나드는 28시간 기차 여행

돌아오는 기차에 몸을 싣고 다시 28시간을 달렸다. 하남성 광산역 구내에는 하북과기대학 캠퍼스에서 처음 알게 된 나무 여정자(女貞子), 일명 동청자(冬靑子)가 있다. 중국 각지에 흔한 나무인지 여행길에 많이 목격된다.

하남성 황천역 밖에는 설경이 펼쳐지고 그 속의 눈무덤이 인상적이었다. 박주로 내처 달리며 바라보는 풍광은 그야말로 폭설 장면과 눈무덤뿐이었다. 하얀 눈이 모두를 덮어주면서 눈무덤이 생기고, 죽은 사람과 산 사람을 가까이서 연결해준다는 생각이 들었다.

작년(2017) 처음으로 박주를 여행했었다. 박주역 앞의 거대 조소상을 보고 장자라고 착각했는데 사실은 조조(曹操)의 조소상이었다. 박주의 화타 기념관과 장자사당을 둘러본 게 벌써 1년 전이다.

중국의 드넓은 초록의 대륙을 바라보니 힘과 뱃심이 든든해졌다. 광동성에서 하북으로 이동하며 봄에서 다시 겨울, 다시 봄으로 시간의 셔틀을 경험했다. 광동성의 꽃과 상록수, 하남성의 폭설, 산동성 지역의 초록색 밀밭과 나무의 싹들. 중국 풍광의 색다른 시각적 체험만으로도 감탄스럽다. 중국문화를 살펴보면 자연의 인공화와 예술화가 특징이란 생각이 들었다. 한국에서는 신령(神靈)과 도(道)의 지배 이념이 강하기에 자연을 그대로 자연스럽게 두곤 한다.

창밖 내다보기가 지루해지면 책을 펼친다. 오는 길에 병음 공부를 다 끝낸 당시 관련 책자를 다시 펴서 시의 내용을 나름대로 분석해보았다. 「강남(江南)」 한악부(漢樂府)는 영물시(詠物詩)로 연잎 사이로 물고기가 노니는 강남의 풍광을 읊었다. 「장가행(長歌行)」인 한악부는 자연과 인생을 비유한 시로, 소장불노력 노대도상비(少壯不努力 老大徒傷悲, 젊어서 노력하지 않으면 늙어서 상심과 슬픔뿐이라)라는 부분이 인상적이다.

북조민요(北朝民謠) 「칠륵가(七勒歌)」도 영물시다. 초원, 그러나 강남의 자연과 대비된다. 당나라 시인 진자앙(陳子昂)의 시 「등유주대가(登幽州臺歌)」 중 "앞에 고인도 볼 수 없고 뒤에 올 자도 볼 수 없고"라는 구절에서 퇴계(退溪)의 시가 떠오른다. 왕지환(王之渙)의 「등관작루(登鸛雀樓)」에 나오는 관작루는 직접 가봤던 곳이다.

산동성 북쪽 지역을 지나갈 때 보니 밀 싹의 색깔과 길이가 달라, 이곳이 여태 지나온 지역보다는 북쪽임이 증명되었다. 산동성 운성(鄆城) 지역을 지나면서 양을 방목하는 것을 많이 봤다. 운성은 『수호지(水滸志)』의 송강(宋江)과 10대 명의 전을의 고향이다. 남녘일수록 봄이 빠르게 오고, 북쪽으로 갈수록 봄이 늦게 오는 것을 기차를 타고 가며 모두 볼 수 있는 게 신기하다.

대전두역(臺前頭站)을 통과했다. 이 지역은 쥐불을 놓아 밭둑을 태우는 모양이다. 산동 지역이라 밭 사이에 무덤과 비석이 많았다. 중국 여기저기 누적된 유적지.

침대차 내 자리 맞은편에는 한 청년이 타고 있는데, 하루 종일 혼자서 충전기를 독점한다. 다른 사람이 절대로 이용할 수 없게, 그러나 자신의 침대칸에서 이용한 이불은 깨끗이 정리해서, 상황을 보시하는 것 같다. 필담으로 대화해보니, 혜주에 있는 제2 중학생이라고 자신감 있게 말한다. 중국에서 학교 이름에 붙는 번호는 실력순인 경우가 많기 때문이다.

어렸을 때 고향 계룡산 신도안에서 여기저기 싸돌아다녔듯, 지금의 나는 중국의 이 성(省) 저 성 여기저기를 여행 다닌다. 유년이나 노년이나 영혼의 양식이 똑같다는 생각이 들었다. 물론 유년에는 탐방 목록이 없었고, 지금 노년에는 탐방 목록에 따라 여행을 다니는 차이가 있기는 하다. 내 내면의 억류 시대는 돈도 없고 시간도 없었을 때 제일 강했다. 2006년 대학 강사에서 한국어 강사로 전업 후 그나마 경제적 자립이 되었던 것인가?

중국에서의 여행은 스토리 헌팅, 그리고 그 지역에 갈 수 있는 기차표 유무에 따라 다음 일정이 결정된다. 인구는 많고 기차표는 한정된 중국에서 기차표 구하기란 무척 어렵기 때문이다. 여행지에서는 택시 대절 비용이 너무 많이 들기에 식비를 절약하기 위해 과일과 과자로 때우고, 그리고 석가장에서는 1원(에어컨이 없는 버스) 또는 2원(에어컨이 있는 버스)하는 시내버스를 주로 이용하는 편이다.

서성 왕희지

목적지 산동성 임기시 왕희지고거

경로   하북성 석가장 하북과기대학 → 석가장북역에서 기차로 산동성 조장서역 이동 → 택시로
      임기시 왕희지고거 이동 및 관람 → 택시로 임기시 근교 비현에 있는 안진경공원 이동 및
      관람 → 택시로 강소성 서주역까지 이동 → 기차로 석가장역 이동 → 귀가

일시   2018년 6월 29일~7월 1일(무박 3일)

왕희지[4]는 중국 동진의 문인이며 서예가이다. 산동성 낭사 출신으로, 동진 귀족문화의 중추적 인물이며, 서도의 성인으로 불후의 이름을 남겼다.

왕희지

경세의 재주가 있어 은호(殷浩)의 북벌을 간한 글과 민정을 말한 문을 지었다. 산음(山陰)의 난정(蘭亭)에 여러 명사들이 모여 읊은 시를 엮은 시집에 그가 쓴 서문은 산수문학의 남상(濫觴)으로 일컬어진다. 예서(隷書)를 잘 썼을 뿐 아니라 해서(楷書), 행서(行書), 초서(草書)에 걸쳐 새로운 서체를 완성하여 오랫동안 서도의 원천이 되었다.[5]

---

4   王羲之(303~361 或 321~379) 百科名片 : 东晋书法家, 字逸少, 号澹斋, 汉族, 祖籍琅琊
      临沂, 后迁会稽, 晚年隐居剡县金庭, 中国东晋书法家, 有书圣之称. 历任秘书郎, 宁远将
      军, 江州刺史. 后为会稽内史, 领右将军, 人称"王右军", "王会稽". 其子王献之书法亦佳, 世
      人合称为"二王".

5   문덕수 편저, 『世界文藝大辭典』, 1301쪽.

수운 최제우가 만난 문화예술인들

왕희지고거 현판

세연지

대형 벼루

D선생과 함께 왕희지의 고향인 임기시(臨沂市)에 가기로 했는데, 임기시로 바로 가는 기차편이 없어서 제일 가까운 역인 조장서(棗庄西)역을 이용하게 되었다. 조장서역에서 임기시 왕희지고거(王羲之故居)까지의 택시비는 420원이었다.

　왕희지고거에서는 가장 큰 벼루를 전시관 외부에 설치해놓았고, 기념품 가게에서도 희지연(羲之硯)이라 쓰여 있는 왕희지 벼루를 많이 팔고 있었다. 가장 인상적인 것은 세연지(洗硯池)였다. 벼루를 씻은 연못이란 뜻이다. 성신여대 어학당에 유학 왔던 산동성 임기시 출신 여학생이 고향에서 유명한 얘기라며 들려준 바에 따르면, 왕희지가 어렸을 때 글씨 연습을 하면서 연못물에 벼루를 씻었는데, 어찌나 열심히 연습했는지 벼루를 하도 자주 씻어서 연못물이 시커멓게 되었다는 것이다.

　그 학생은 왕희지의 아들이 왕헌지(王獻之)라고 했었다. 왕희지와 왕헌지를 함께 묶었는지, 이왕조적(二王祖籍)이라는 표지석이 왕희지고거 내 연못 옆에 있었다. 왕희지고거 밖 초등학교 교명도 세연지초등학교[洗硯池小學]이다.

　두 시간을 넘게 구경하고, 기념품 가게에서 죽간, 부채, 자 등을 샀다.

금자학법 32 — 자 학법

중국에는 대나무로 된 상품이 많으며 죽간과 자, 책갈피 등이 대표적이다. 자의 윗면에는 각종 고전에서 뽑은 문장이 쓰여 있기도 하고, 그림과 문장이 어울려 새겨져 있기도 하다. 자에 새겨진 고전은 「천자문」, 『논어』, 「황학루」, 「효경」, 「난정서」 등으로 다양하니, 자 학법이라 할 수 있겠다.

수운 최제우가 만난 문화예술인들

왕희지고거에서 산 자들　　　　국자감에서 산 「천자문」이 새겨진 자

금자학법 33 — 왕희지 학법

왕희지는 중국에서 서성(書聖)으로 불리며 그와 관련된 상품이 아주 많다. 책갈피, 죽간, 부채, 달력, 자, 벼루, 붓 등이다. 중국에는 10대 성인이 있는데, 지성(至聖) 공자(孔子), 아성(亞聖) 맹자(孟子), 시성(詩聖) 두보(杜甫), 사성(詞聲) 소식(蘇軾), 사성(史聖) 사마천(司馬遷), 무성(武聖) 관우(關羽), 서성 왕희지, 화성(畫聖) 오도자(吳道子), 주성(酒聖) 두강(杜絳), 의성(醫聖) 장중경(張仲景), 약성(藥聖) 손사막(孫思邈), 과성(科聖) 장형(張衡), 차성(茶聖) 육우(陸羽)이다. 나는 10대 성인 포커를 통해 알게 되었다. 어쨌든 왕희지를 알리는 문화 상품이 많아 왕희지 학법이라 부를 수 있겠다.

남라고향에서 산 왕희지 책갈피　　두보초당에서 산 왕희지 부채　　석가장 달력가게에서 산 왕희지 달력

　임기시 근교에는 왕희지에 버금가는 서예가 안진경(顏眞卿) 관련 유적인 안진경기념관이 있다. 안진경기념관과 공원은 무료 관람이었다. 회랑의 서각 부조물과 안진경 거대 소상과 거대 탑이 인상적이었다.

　숙소에 돌아와 동생과 전화 통화를 했다. 유목민과 농경민의 성향이 다른데, 유목민은 협상이 중요하고 독재자는 주로 농경민에서 나온다고, 가을 수확에서 농산물 분배 관련해서 지주와 소작농, 땅주인과 농민 등의 관계 설정 때문이라고 한다.

전원시인 도연명

목적지 강서성 구강시 도연명기념관

경로　하북성 석가장 하북과기대학 → 석가장북역에서 기차로 강서성 구강역 이동 → 택시로 도
　　　연명기념관 이동 → 도연명기념관과 중화현모원 관람 → 택시로 구강역 이동 → 구강역에
　　　서 석가장북역행 기차 승차 → 안휘성 상구남역 근처까지 이동, 8시간 정차 → 홍수로 인
　　　해 구강역까지 회차 → 고속철도로 남창서역까지 이동 → 고속철도로 석가장역 이동 →
　　　귀가

일시　2018년 8월 16일~8월 19일(무박 4일)

기차 안에서

석가장북역 매표소에서 나를 알아보는 중국인 아주머니를 우연히 만났
다. 하북과기대학 교사 숙소 1동에 사는 아주머니는 나에게 허다라오스[河
大老師], 즉 하대(하북과기대학) 선생이라고 불렀다. 세상 참 좁다는 생각이
든다.

구강역으로 가는 기차 안에서 나는 비평학회 심사 대상 논문을 펼쳐들
었다. 심사서 제출 마감이 촉박해서 여행 중에 어두운 불빛 아래에서라도
읽어야만 했다.

틈틈이 수운의 여행기 작업도 다각도로 하고 있다. 10대 명의 탐방도 유
적지가 없는 전을(錢乙)을 빼고 이미 9명을 마쳤다. 하북성 형대시 내구현
의 편작묘(2016.6), 하남성 남양의 장중경 의성사(2016.9), 안휘성 박주시의
화타기념관(2017.2), 호북성 기춘의 이시진기념관(2017.4), 섬서성 동천의
손사막기념관(2017.5), 감숙성 영대현의 황보밀문화원(2017.11), 광동성 혜
주의 갈홍박물관(2018.1), 강소성 소주의 엽천사고거(2018.2), 절강성 의오
의 주단계능원(2018.3)을 모두 탐방했다.

침대차 앞칸에는 꼬마들이 자리 잡고 있다. 한 아이가 손오공 가면과 여의봉으로 자신을 보여준다. 다른 아이는 손오공 가면을 쓴 아이가 무서운지, 그 소년이 나타나기만 하면 얼른 숨어버린다. 지금은 법관이 되어버린 조카가 유년기에 '공주가 꿈'이라고 말한 것이 갑자기 생각났다. 아이에게 신화 시대는 그대로 모방되어 텔레비전, 인터넷, 테이프, 라디오, 컴퓨터, 만화 및 영화 등에서 기사, 공주, 손오공 등을 보며 자신이 주인공인 꿈을 꾼다.

기차가 달려가는 철로변에는 분홍색 유도화가 많았다. 중국 농부들도 논두렁길에는 콩을 심어두고 있었다.

청빈했던 도연명, 쓸쓸한 기념관

도연명

구강시(九江市)에는 보슬비가 내리고 있었다. 택시기사가 도연명기념관까지 태워다주고, 2시간 기다려서 다시 구강역으로 돌아오는 비용으로 260원을 흥정했다.

도연명[6]의 호는 오류선생(五柳先生)이며, 중국 진말 송초의 시인이다. 젊을 때 팽택의 현령이 되었으나 봉급 때문에 소인배에게 허리를 굽히기가 싫

---

6 陶淵明 百科名片 (约365~427)：字元亮, 号五柳先生, 谥号靖节先生, 入刘宋后改名潜. 东晋末期南朝宋初期诗人, 文学家, 辞赋家, 散文家. 东晋浔阳柴桑人. 曾做过几年小官, 后辞官回家, 从此隐居, 田园生活是陶渊明诗的主要题材, 相关作品有《饮酒》《归园田居》《桃花源记》《五柳先生传》《归去来兮辞》《桃花源诗》等.

도연명기념관

어 사직하고 고향에 돌아갔다. 이때 지은 것이 「귀거래사」다. 청빈 속에서
자연을 벗 삼아 시(詩), 주(酒), 금(琴)을 즐기면서 전원시인으로서 63세의
일생을 마쳤다.[7]

도연명기념관의 입장료는 무료였다. 경험상 무료 입장인 곳은 별로 볼
게 없다. 기념관 구경을 하면서 도연명의 외로움과 쓸쓸함이 느껴졌다. 정
자, 연못, 회랑 비문, 세묵지(洗墨池)······. 산세는 좋았다.

어떤 할머니가 빈 건물에서 생활을 하시는지 빨래를 널고 있고, 그 옆에
공산당원 학습실이 있었다. 순간 산동성 임기시 근교 안진경공원에 갔을
때 봤던 공산당 당원실이 떠올랐다. 중국은 유적지마다 공산당원이 근무
하는 모양이다.

---

7 문덕수 편저, 『世界文藝大辭典』, 411쪽.

중화현모원

중국의 삼현모, 도모, 악모, 구모

도연명기념관 입구에는 커다란 모자상과 삼현모(三賢母) 부조벽이 있었다. 들어갈 때 언뜻 보았는데, 나온 뒤 다시 생각나서 기사에게 택시를 잠시 세워달라고 했다.

중화현모원(中華賢母園)이라고 이름 붙은 공원이다. 즉, 중국의 현명한 어머니. 도연명의 증조할머니 도모(陶母), 악비(岳飛)의 어머니 악모(岳母), 구양수(歐陽修)의 어머니 구모(歐母), 이들이 그 세 명이다.

현모상 공원을 출발해서 구강역으로 가는 길, 멀리 보이는 산이 구강의 여산(廬山)인가? 산빛에서 독특한 푸르른 색인 비취색을 닮은 기운이 보였다. 갑자기 중국 텔레비전에서 설명을 들은 적이 있는 중국 10대 명화[8] 중

---

8   장택단의 〈청명상하도(淸明上下圖)〉, 장훤의 〈오우도(五友圖)〉, 왕희맹의 〈천리강산도〉 〈여사잠도〉 및 〈도련도〉, 〈한희재야연도(韓熙載夜宴圖)〉, 〈한궁춘효도(漢宮春曉圖)〉, 〈부춘산거도(富春山居圖)〉, 〈백준도(百駿圖)〉, 〈보련도(步輦圖)〉, 〈낙신부도(洛神賦圖)〉, 〈괵국부인춘유도(虢國

수운 최제우가 만난 문화예술인들

하나인 왕희맹(王希孟)의 〈천리강산도(千里江山圖)〉가 생각났다. 또 박목월의 시구 "산은 구강산(九江山) 보랏빛 석산(石山)"도 떠올랐다.

이번 도연명기념관에서는 기념품은 고사하고 눈길을 끄는 것이 아무것도 없고, 입장료도 없었다. 그러나 15시간을 달려 찾아온 것은 도연명이라는 이름값 때문이다.

돌아가는 기차를 타기 위해 구강역에서 10시간을 기다려야 했다. 이런 기다림의 여행은 처음이었다. 정말 중국에서는 상상할 수 없는 일들을 많이 겪었다. 그만큼 인내심이 필요하다.

구강역 지붕 위에 붙은 현판은 강택민(江澤民)이 쓴 것으로, 그의 이름 석자가 같이 붙어 있었다. 역사 2층에는 〈여산전도(廬山全圖)〉를 타일 붙이기 기법으로 장식해놓았다.

천재지변으로 철로 위에서 8시간

대합실에서 기차를 기다리면서 가져온 논문심사서를 개략 작성하고, 베이징 워크숍 가는 일정을 촘촘히 나눠 연구했다. 중국어를 잘 못하는 내가 중국에서 여행을 하려면 일정을 하나하나 세분해서 계획하고 준비해야 안심되기 때문이다.

새벽 4시 30분 기차를 타자마자 취침해서, 10시에 기상했다. 결론부터 말하면 중국 남부 지역의 폭우로 인해 안휘성 박주역과 상구남역 사이에서 기차가 정차하여 8시간이 연착되었다. 폭우(暴雨)로 인해 다시 구강역

婦人春遊圖)〉.
　내가 뽑은 한국의 10대 명화는 정선의 〈금강전도〉, 울산의 반구대암각화, 〈동궐도〉, 〈수산리 고분벽화〉, 집안의 〈무용총〉, 김홍도의 〈서당풍경〉, 〈화성행궁도〉, 〈관경서분변상도〉, 〈신원사괘불탱〉, 〈사신도〉다.

으로 돌아가 퇴표(退票)를 하고 다른 기차표를 끊어야 되는 상황인 것이다. 남쪽 지역에서 하북성을 향해 7시간을 달려왔는데, 석가장으로 가는 고속철도는 이미 매진되어, 석가장에서 멀어지는 남쪽 강서성으로 거꾸로 돌아가서, 삥 돌아 다시 북쪽으로 와야 했다.

중국인 B선생에게 연락해서 도움을 청했다. 구강역에서 남창서역(南昌西站)으로 갔다가, 다시 환승하여 석가장역으로 돌아오는 기차편이 있었으나, 그것도 고속철도만 가능하다고 했다. 그나마 2등표는 매진되었기에, 제일 비싼 1등표, 한국 돈으로 거의 20만 원이 넘는 기차표를 끊어야 했다. 그렇게 해서라도 석가장으로 안전하게 빨리 올 수 있기만를 바랄 뿐이다. 중국에서는 기차표가 1등표, 2등표로 분류되어 있고, 같은 기차라고 해도 객차가 다르다. 1등표는 가격이 제일 비싸고, 서비스도 좋다. 비행기의 비즈니스석과 이코노미석 비슷하다.

중국에 와서 천재지변(天災地變)의 종류로 안개지변과 아울러 폭우지변을 처음 경험했다. 안개지변은 석가장 공항에 갔다가 비행기가 취소되어 다시 다음 날 떠나야 되는 상황이었다.

진행, 정지, 기차 연착, 비 오는 날, 기차 연착, 할 수 있는 일은 하나도 없고, 갇힌 공간이 두렵고, 정말 무서웠다. 중국 침대차는 좁은 통로에 객실 한 칸마다 충전을 할 수 있는 곳이 딱 두 개뿐이다. 충전기를 차지한 승객이 동영상을 계속 보면서 충전하면 다른 사람은 충전할 기회가 거의 없다. 한밤중 취침 중에는 그래도 충전을 할 수 있는데, 폭우지변으로 기차가 정차되어 있기에, 충전에도 천재지변이 일어났다 할 수 있다.

언제 충전할 수 있을지 기약도 없고, 그나마 남은 배터리마저 다 떨어질까 봐 불안해서 핸드폰을 볼 수 없었다. 정지된 기차 안에서 잠을 자는 것밖에 할 일이 없었다. 그런데 나는 원래 낮잠을 자는 스타일이 아닌데도,

어쩔 수 없이 대낮에 이미 1시간을 자고 일어났다.

비 오는 날의 어머니

갑자기 고향의 비 오는 날 어머니가 생각났다. 경영하던 직조공장이 망해서 아버지는 빚쟁이들을 피해 도시로 나가 떠돌고, 어머니는 무책임한 가장 대신 자식들을 건사하기 위해 거의 중노동에 해당되는 일을 하셨다. 산일, 밭일, 들일 외에 일당이 세고 장정들이 하는 일인 돌 모으기, 이엉 엮기 등 닥치지 않고 하셨다. 평소에 노동을 많이 하신 어머니는 비 오는 날에는 아무것도 할 수 없었다. 집 안에 갇혀 화투로 가보를 떼거나, 풍년초 담배를 신문지 조각에 말아서 피우거나. 호박 부침개를 부칠 뿐 다른 걸 하나도 할 수 없었다. 삼중고의 삶 속에 어머니는 내면의 무의식도 개발할 수 없는 상황이었을 것이다.

경기도 개풍(開豊)이 고향인 어머니의 처녀 적 꿈은 신여성과 시인이 되는 것이었다. 어머니는 호수돈여고보에 합격하고도 보수적인 외할아버지의 반대로 이런 꿈들을 이룰 수가 없었다. 어쨌든 어머니의 꿈 하나는 문학박사 학위를 받은 동생이 이뤘고, 또 다른 꿈은 언니가 시인이 되어 이뤘다.

동생의 친구 I네 어머니도 비 오는 날 유일의 낙은 잠뿐이라 했다. I네 어머니는 도시 노동자로서, 비가 오는 날은 노동을 할 수 없기 때문이다. 유일하게 할 수 있는 것이 잠뿐이라는 것은 상황이 안 좋고, 돈도 없고, 안목도 없고, 대안도 없는 경우다.

그러다 어쨌든 나의 유소년기 환경은 상황적으로 안 좋은 가정, 적막한 가정, 고아 심리가 팽배한 가정 등 음울한 심리의 가정이라고 자주 해석했던 이유가 다시 생각났다. 어쨌든 지금의 나는 낙서왕이자 메모왕이라 할 수 있고, 내 모든 무의식에 잠재되어 있는 모든 업(業)을 끊으려고 무던히도 애썼다.

부모님은 경기도 개풍에서 1·4후퇴 때 상제교(上帝敎) 본부가 있는 계룡산 신도안으로 내려온 피난민이다. 두 분 모두 이남에서는 사고무친(四顧無親), 고모님 말고 다른 친척들은 모두 북녘 땅에 있었다.

몸집이 크신 어머니는 장정들이나 지는 나뭇짐을 자주 졌다. 어떤 면에서 자신의 신체 에너지를 2~3배로 모두 다 써버렸던 것 같다. 그래서인지 45세를 일기로 돌아가셨을 당시에는 깨닫지 못했지만, 지금 제삿상에 놓인 어머니의 사진을 보면 45세 아주머니가 아닌 60세의 할머니처럼 보인다. 동생은 어려서 어머니의 일터를 늘 따라다녔는데, 어머니처럼 노동력을 쓰는 것을 딱 질색으로 여긴다.

내 나이 60세, 모든 업을 끊고 자유를 얻고 해방된 것인가? 도(道)의 마을인 도촌(道村), 계룡산 신도안 마을은 일종의 종교마을로, 도의 할아버지 선조인 도조(道祖)들, 동학(東學)의 한 종파인 상제교의 후신 천진교(天眞敎) 도인들 덕분에 자정 능력 무의식이 생긴 것일까?

구강역으로 가던 길에 본 손오공 가면과 여의봉을 든 꼬마와 물총 든 꼬마가 생각난다. 8시간 동안 정차된 기차 안, 갇힌 공간, 폐쇄 공간, 정지된 시간이 내 무의식의 밑바닥을 떠올려주었다. 우리 형제들은 공부에 대한 한을 모두 갖고 있는 것 같다. 동생만 빼고. 동생은 생중사(生中死)와 사중생(死中生), 정중동(靜中動)과 동중정(動中靜), 가사(假死) 등 이런 심리적 어휘들을 다른 형제들과 달리 무의식적으로 자주 사용하며 잘 반응한다.

나의 세 가지 공부
내가 해야 할 공부는 국문학 공부, 인생 공부, 중국어 공부, 이 세 가지다. 한이냐? 업이냐? 비는 오고 시간에 갇혀 움직일 수 없는 시간, 거의 13억 5천 명에 달하는 인구가 모여 사는 중국. 어머니에게는 울음으로, 아버지에게는 고집으로, 미안한 상황의 편만 인생인 나는 공부를 톡톡히 해야 했다.

야간 국제대학을 4년 동안 다닐 수 있었던 인천 지역에서 공무원 생활을 했던 곳에 대해 편의를 봐줘 고마웠던 것, S여대 대학원, D학회, 내 책 출판 관련 출판사, 꿈의 도전, 인생의 도전, 늘 한 발 물러나야 하는 운명의 시간들, 나의 일기는 인생 증언을 하는 운명인가? 소설과 일기 사이, 허구와 일기 사이, 일기의 실재성과 기록성, 그리고 증언성, 인생 연구, 인생 공부는 너무 어려웠다.

일찍 고아가 되어 알려주는 이가 없고, 안내하는 이가 없기 때문이며, 독서가 없고, 허구적 상상력이 없기 때문이다. 어머니와 대자유, 아버지와 공부, 큰언니의 말, 작은언니의 공부와 돈, 오빠의 도(道), 동생의 공부와 도(道), 관념의 꿈, 다른 꿈이 없지만, 동생의 절대 지지로 65세까지 마지막 관념의 꿈인 수운의 중국 주유기, 중국 10대 명의 답사기, 『춘향전』 인물 중국 탐방기 등을 기획하고 있다. 돈도 없고, 빽도 없고, 명예도 없는 나다.

이상하게도 아버지, 어머니, 큰언니, 삼거인(三巨人)의 공통점은 가계부를 잘 쓰고, 열심히 쓴다는 점이다. 내 직업은 공무원에서 대학강사, 평론가, 한국어강사 등이다. 내 운명의 공간들은 대궐터, 종로터, 인천, 서울, 중국이다. 중국 여행길에서 내가 자주 만난 인물들은 중국 역사에서 우뚝 선 인물들이다. 물론 그들의 조소상을 통해 그들의 거대서사 스토리 영혼을 접할 수 있지만 말이다.

2018년 여행 중 갈홍, 소동파, 엽천사(葉天士), 백거이(白居易), 고염무(顧

炎武), 범중엄(范仲淹), 주단계, 서시, 편작, 악비(岳飛), 주문왕, 전욱, 자공, 진시황, 양귀비, 왕희지, 안진경, 공자, 맹자, 도연명, 악모 등을 만났다. 60세 환갑에 인생을 정리하고, 인생을 이해하고, 명의 10명과 수운의 중국 주유기 인물 27명(해월 최시형과 의암 손병희의 중국 인물 포함), 공자 제자 72현, 모두 109명을 정리해봤다.

전쟁 같은 환승

갑자기 기차가 중국 남쪽 지역으로 거꾸로 움직이기 시작했다. 회차한다고 B선생과 통화했다. 구강역에 가서 다시 기차를 타야 한다고, 구강역에서 남창서역으로, 남창서역에서 석가장역으로 환승, 갑자기 장마가 지면서 중국의 기차 노선이 고속철도만 움직인다고, 그래서 다시 박주역에서 구강역으로 회차하는 거라고 알려주었다. 내 앞에 앉아 있던 요녕성에서 온 청년에게 B선생의 전화를 바꿔줘 재확인했다.

다음 역에서 많은 사람들이 우왕좌왕 많이 내렸다. 나는 구강역까지 가기로 결정하고 취침을 했다.

비몽사몽 자다가 눈을 떴다. 부양역에서 또 1시간 반을 정차한 기차는 다음 날 새벽 6시에 구강역에 하차했다. 구강역의 플랫폼은 마치 전쟁통 같았다. 플랫폼에 이미 많은 인파가 몰려서 도저히 비집고 나갈 공간이 없었다. 그때 번개처럼 뛰어가는 요녕성에서 온 청년을 따라, 나도 허둥지둥 퇴표 창구로 뛰어갔다. 이미 이곳도 북새통 도떼기시장 같았다. 환불하려다가는 새로 예매한 석가장행 기차표도 못 바꾸겠다 싶어, 환불을 포기하고 요녕 청년과 작별 인사를 하고 예매표 바꾸는 창구로 갔다.

여기에는 그래도 줄은 서 있었다. 한데 시간이 흘러도 줄은 줄지 않아서 한 사람씩 양해를 구하며 앞줄로 옮기기로 마음을 먹었다. 바로 앞 할아버지에게 사정을 하고, 다시 그 앞 아주머니에게 사정하고, 그 앞 할아버지에게 사정하고, 그렇게 앞쪽으로 가니 중국 경찰이 서 있었다. 경찰에게 사정하니 안 된다고 딱 자른다. 그래도 경찰이 잠깐 비킨 사이 젊은 여자분에게 사정해서 앞자리로 가 겨우 표를 바꿨다.

구강역 앞 광장의 인파는 5천 명은 넘는 듯했다. 간신히 표를 바꾼 뒤 뛰어가 검표를 하고, 구강역에서 출발하는 남창서역행 고속철도에 올랐다.

화장실의 「애련설」

도연명을 만나는 일도 너무 힘들고, 돌아가는 길도 너무 힘든데, 거기에 폭우지변까지 생긴 것이다. 15시간 동안 기차를 타고 가서, 도연명의 쓸쓸하고 외로운 분위기와 느낌만 두 시간 보고, 다시 강서성 구강역에서 새벽 4시 반 기차를 타기까지 10시간 기다렸다가, 7시간 정도 갔다가, 안휘성 박주역과 상구역 중간 지점에서 8시간 동안 갇혀 있다가, 그리고 다시 구강역까지 돌아와, 간신히 남창서행 고속철도를 탔다. 그렇게 탄 고속철도 객차 안은 기차역과는 완전히 다른 세상 같았다. 결과적으로 2박 3일의 도연명 여행이, 3박 4일 도연명 여행이 되어버렸다. 아주 이상한 여행이었다. 한국 돈으로 거의 24만 원을 치렀다.

남창서역 대합실 화장실에서 주돈이의 「애련설(愛蓮說)」을 보았다. 음료수대에도 「애련설」 문장이 붙어 있었다. 역사 안쪽 벽에는 등왕각(滕王閣) 정강산(井岡

남창서역 화장실의 「애련설」

山) 삼청산(三淸山) 도화원(桃花源) 등 산수화가 그려져 있었다.

처음 타본 1등석 고속철도는 아주 편안하고 좋았다. 2시간 정도 잠을 자고, 3시간 정도 웨이신에 여행 내용을 정리 입력했다.

귀가 후 동생과 통화를 하니 〈맘마미아 2〉 이야기를 하며, 인생은 짧고 세상은 넓어 멋진 추억을 만들고 싶다고 한다.

만당의 시인, 두목지

목적지　안휘성 지주시 행화촌
경로　　하북성 석가장 하북과기대학 → 석가장북역에서 기차로 안휘성 무호역 이동 → 택시로 지
　　　　주시 행화촌 이동 및 관람 → 택시로 무호역 이동 → 기차로 석가장북역 이동 → 귀가
일시　　2018년 12월 21일~23일(무박 3일)

　　금요일 18시 35분에 출발하는 기차를 타고 안휘성 무호(蕪湖)역을 향해
서 달리기 시작했다. 목적지는 지주시(池州市)이지만, 지주시에 있는 지주
역은 작은 역이라 석가장에서 출발하는 기차가 정차하지 않는다. 그래서
지주시 근처의 큰 도시인 무호역에서 택시를 타기로 했다.

　　기차 안에서 핸드폰 갤러리의 사진들을 정리하기 시작했다. 조원임(趙元
任)의 「시씨식사사(施氏食獅史)」 문장,[9] 석가장시 근교 정형(井陘)의 창암산
(蒼巖山) 도교사당에서 목격한 별자리신, 손사막과 비간의 이름, 하북성 신

9　石室詩士施氏, 嗜獅, 誓食十獅. Shíshì shīshì Shī shì, shì shī, shì shí shí shī.
　　氏時時適市視獅. Shì shíshí shì shì shì shī.
　　十時, 適十獅適市. Shí shí, shì shí shī shì shì.
　　是時, 適施氏適市. Shì shí, shì Shī shì shì shì.
　　氏視是十獅, 恃矢勢, 使是十獅逝世. Shì shì shì shí shī, shì shí shì, shǐ shì shí shī shìshì.(하략)
　　해석하면 "시씨가 사자를 먹은 이야기"인데, 중국어로는 성조만 다른 shi로만 되어 있는 언어
　　유희의 시이다. 번역하면 "석실에 사는 시인 시씨가 있었는데 / 사자를 좋아하여 사자 열 마리
　　를 먹겠다고 맹세했다. / 그는 때때로 시장에 나가 사자가 있는지 보곤 했다. / 열 시쯤, 사자
　　열 마리가 시장에 나타났는데 / 마침 시씨 역시 시장에 도착하였다. / 시씨는 열 마리 사자를
　　보고 활을 쏘아 세상을 뜨게 했다."

락시(新樂市) 복희대의 대형 벽화, 석가장 근교 정정(正定)의 대불사(大佛寺) 근처 벼룩시장에서 산 『옥갑기(玉匣記)』와 『문왕팔괘밀결(文王八卦密訣)』, 르어타이마트 근처의 늙은 걸인이 길바닥에 쓴 문장, 은허박물관 유물인 부드러운 선의 청동기 술잔과 갑골문자 회랑, 산서박물관 유물인 관(棺)의 그림과 문장, 〈중국시사대회〉 내용 중 하나인 도편선삭제(圖片線索題), 석가장시의 사찰 디인스[諦音寺]의 천장화, 10대 명화 중 하나인 〈청명상하도〉를 면소예술로 만든 것, 초록색 밀밭 위의 조화들, 관제묘(關帝廟)의 사자 편액과 역사화, 백룡도(百龍圖), 관작루(鸛雀樓) 건물벽의 당시(唐詩), 관작루의 누각 박물관, 다양한 죽간, 도홍경(陶泓景) · 유협(劉勰) · 완적(阮籍) · 혜강(嵇康) · 곽상(郭象) · 갈홍 · 손사막 · 사마승정(司馬承禎) · 왕필(王弼) · 사령운(謝靈運)의 얼굴이 드러난 『천인(天人)』이라는 책 표지 속 인물들, 하북성 한단(邯鄲)의 고사성어 다리 등.

두목지

기차에서 다음 날로 넘어가 8시 45분 무호역에 도착했다. 이번 택시요금은 700원에 흥정이 되었다. 12시 넘어 지주시 행화촌 입구에 도착했고, 선금으로 300원을 드렸다. 행화촌의 입장료는 88원이었다. 88원이라는 숫자의 입장료는 처음 내본다. 중국인들이 좋아하는 숫자 8이 두 번 겹쳐 있다.

행화촌은 당나라 때의 시인 두목지(杜牧之)[10]의 유적지이다. 본명은 두목(杜牧)이고, 목

---

10 杜牧 百科名片(公元803~約852年) : 字牧之, 号樊川居士, 汉族, 京兆万年人, 唐代诗人. 杜牧人称"小杜", 以别于杜甫. 与李商隐并称"小李杜". 因晚年居长安南樊川别墅, 故后世称"杜樊川", 著有《樊川文集》. 晚唐杰出诗人, 尤以七言绝句著称. 擅长文赋, 其《阿房宫赋》

행화촌

지는 자인데, 당의 경조부 만년현 사람으로 만당(晩唐)의 대표적 시인이다. 명문거족, 전통적인 세가(世家) 출신이었으나 10세 되던 해 조부가 죽고, 얼마 후 부친마저 세상을 떠난다. 20세 되던 해 상서, 모전, 좌전, 국어, 십삼대사서 등을 읽으면서 국가대사에 깊은 관심을 갖게 되었다. 두목의 생애는 정치적으로 이상과 현실이 부합되지 못한 고난의 여정이었지만 시가 방면에서 국계민생(國計民生)을 논하는 호매한 시풍과 사랑과 경물을 묘사한 맑고 아름다운 시가 있어 만당의 대표적 시인이다.[11] 만당시대의 시인

为后世传诵.

11 김성문, 「두목(杜牧)」, 이병한 외 22인 공저, 『中國詩와 詩人 — 唐代篇』, 사람과책, 1998, 781/825~826쪽.

행화촌 안의 시가 있는 다리

에 어울리게 말의 수식에 능했으나, 내용을 보다 중시했다. 주요 작품에는
「아방궁의 부」, 「강남춘(江南春)」 등이 있다.

14시 반쯤 택시로 행화촌을 출발했다. 시간이 늦어 계획했던 무호시박
물관은 못 갔다. 무호역 가는 길, 노란 잎이 그대로 매달려 있는 호수 주변
의 버드나무는 하북과기대학 목성호 주변의 12월 초 버드나무 풍경과 비
슷했다.

중국 여행지에서 느낀 바는, 콘텐츠를 풍부하게 구현할 수 있는 능력이
있어야 한다는 것이다. 나는 주돈이의 『태극도설』 배경지 탐방 이후 풍수
지리 전지 오리기에 관심을 갖게 되었다. 이미 오린 수운, 해월, 모친의 전
지를 떠올리며, 천문박물관(天門博物館)이 있다면 꼭 들어갈 인물이라고 생

수운 최제우가 만난 문화예술인들

수운, 해월, 어머니 전지(졸작).

각하였다. 뿐만 아니라 하북 땅에서 만난 편작과 복희, 하남 땅에서 만난 기자, 노자, 제갈량, 문왕, 전욱, 자공, 사광, 호북 땅에서 만난 소동파, 산서 땅에서 만난 요임금, 순임금, 섬서 땅에서 만난 황제, 염제, 강태공, 한무제, 진시황, 산동 땅에서 만난 왕희지, 공자, 맹자, 소호, 강서 땅에서 만난 도연명, 호남 땅에서 만난 주렴계 등을 다 포함해서 말이다.

귀가 후 동생과 통화하며 여행 이야기를 하니, 고향의 천진교 느낌이 각황전 같다고 한다.

시선 이백

목적지 사천성 강유시 이백기념관

경로   하북성 석가장 하북과기대학 → 석가장역에서 사천성 성도행 고속철 탑승하여 강유역까지 이동 → 택시로 강유시내 시성대주점 이동, 호텔 1박 → 택시로 이백기념관 이동 → 이백기념관 및 근처 태백공원 관람 후 택시로 강유역까지 이동 → 기차로 성도동역 이동 → 택시로 성도역 이동 → 기차로 석가장역 이동 → 귀가

일시   2019년 1월 18일~20일(1박, 무박 2일)

이백의 시가 맞아주는 기차역

자연과 인간에 대해, 지형과 기후가 미치는 영향에 대해 다시 공부해야 겠다. 사천성 성도행 고속철도로 출발하면서 『시경(詩經)』 해석본을 읽기 시작했다. 표는 면양(綿陽)역까지 끊었지만 그 전 역인 강유(江油)역에서 하차했다. 약간은 불안했지만 복무원에게 얘기하고 검표구를 통과했다.

강유역 출구에 새겨진 이백의 시 「정야사」

강유역 출구 왼쪽 벽에, 이백의 시 「정야사(靜夜思)」 부조물이 있었다. 이 시가 강유역의 남다른 특징을 보여주는 것 같다. 중국 여행을 하면서 기차역에서 여러 가지 문화 양상을 많이 봤기에, 기차역을 이용할 때면 늘 뭔가 관찰하는 습관을 갖게 되었다.

이백

강유역 앞에서 예약한 시성호텔까지는 택시로 10분 거리였다. 보증금인 야진[押金] 200원을 냈고, 호텔 종업원은 나에게 이백 기념관 관련 책을 서비스로 줬다. 제목은 『이백고리(李白故里)』였다.

이백[12]은 살기 좋은 세상을 만들어야 한다는 유가적 사명감을 안고 정치 참여를 소망했지만, 속세를 떠나 티없이 맑고 자유로운 삶을 추구하는 도가사상에서 위안을 찾게 되었다. 이 같은 엇갈린 지향 때문에 그는 평생 어디에도 안주할 수 없었지만, 삶의 중심을 잃고 휘청일 때 용기와 위안을 주고, 그 문학세계에 깊이와 풍성함을 부여해주었다.[13]

도시 전체가 이백 박물관

6시 반에 일어났는데 호텔방이 너무 추웠다. 8시 35분 체크아웃을 하고 야진[押金] 200원을 돌려받았다.

---

12 李白 百科名片(701~762) : 字太白, 号青莲居士, 又号"谪仙人". 中国唐朝诗人, 有"诗仙", "诗侠"之称. 汉族, 祖籍陇西郡成纪县, 出生于蜀郡绵州昌隆县, 另有说法称出生于西域碎叶. 有《李太白集》传世, 代表作有《望庐山瀑布》,『行路难』,《蜀道难》,《将进酒》,《梁甫吟》, 《早发白帝城》等多首.

13 진옥경, 「이백」, 이병한 외 22인, 『中國詩와 詩人 — 唐代篇』, 사람과책, 1998, 311쪽.

이백기념관

왼쪽 : 이백기념관 안의 이백 조소상
오른쪽 : 이백의 시가 나온 달력

수운 최제우가 만난 문화예술인들

이백기념관은 택시를 타고 호텔에서 3분 거리에 있다. 입장료는 무료였고, 12시까지 구경했다. 기념관 안 한 건물에 사람들이 많이 모여 올라가길래 따라가봤는데 시 모임이었다. 모임 이름은 청련시사(靑蓮詩社), 이백의 호인 청련거사(靑蓮居士)에서 따온 모양이다. 새빨간 현수막에 흰 글씨로 쓰여 있었다. 거기 모인 모든 사람들은 「장진주(將進酒)」를 같이 낭송했다.

이백의 시를 합송하는 청련시사 사람들

이백기념관 반대편에 있는 태백공원에도 가봤다. 그곳에서 취선 중인 이백 조소상도 봤다. 일반 시내버스가 다니는 다리에도 양쪽에 이백의 시가 부조되어 있었다. 다리 아래 시내 양쪽 난간에도 뭔가 있는 것 같아 가봤는데, 당나라 시인들의 시가 모두 부조되어 있었다. 한유(韓愈), 유종원(柳宗元), 장구령(張九齡) 등이다. 강유역으로 돌아가는 택시에서도 어떤 다리 난간에 부조물 형식으로 이백의 얼굴이 새겨져 있는 것을 보았다. 즉, 강유시는 시내 곳곳이 이백의 거리였다.

강유역에서 기차를 타고 성도동역에 도착했다. 2014년 9월 처음 중국에 와서, 첫 겨울방학을 맞이했을 때, 성신여대 어학당 시절의 제자 촉악과 1주일간 사천성을 여행한 적이 있다. 두보초당(杜甫草堂), 삼국지무후사(三國志武侯祠), 아미산(峨眉山), 낙산대불(樂山大佛) 등을 둘러보았다. 그러니 성도는 두 번째 온 셈이다.

다리 난간에 새겨진 이백의 시 「망여산폭포」

택시로 성도동역 출발, 성도역을 가자고 했는데 택시기사는 북역이라고 부른다. 역 이름이 바뀐 듯하다. 성도역 근처에서 저녁으로 홍샤오뉘로미센[紅燒牛肉米線]이란 일종의 쌀국수를 사 먹고, 기차를 타고 출발했다. 침대차에 누워 이백의 시들을 생각했다.

> 舉頭望明月(거두망명월) 低頭思故鄕(저두사고향)
> 머리 들어 밝은 달 바라보다 고개 숙여 고향을 생각한다.

하룻밤 묵은 호텔 시성대주점 1층 로비에도 이백의 시 「망여산폭포(望廬山瀑布)」가 이백의 조소상과 함께 벽에 쓰여 있었다. 호텔 로비에 이백의 시와 조소상이 있다는 것이 인상적이었다.

> 飛流直下三千尺(비류직하삼천척) 疑是銀河落九天(의시은하락구천)
> 물줄기 내리쏟아 길이 삼천 자, 하늘에서 은하수 쏟아지는가.

호텔방 화장실에 비치되어 있는 1회용 빗과 샤워캡에도 모두 이백의

수운 최제우가 만난 문화예술인들

시, 「정야사」가 쓰여 있었다.

또 이백기념관 내 두보당에는 두보의 시 「몽이백(夢李白)」이 걸려 있어, 이백과 두보의 관계를 강조하고 있었다. 기념관 정원에 설치해놓은 「선주사조루전별교서숙운(宣州謝朓樓餞別校書叔云)」 시도 인상적이었고, 청련시사 사람들이 「장진주」를 합송하던 장면도 인상적이었다.

호텔 로비의 이백 조소상

군불견(君不見),
황하지수천상래(黃河之水天上來) 부류도해불복회(奔流到海不復回)
그대 모르는가,
황하의 강물이 하늘에서 내려와 바다로 쏟아져 흘러가서 돌아오지 않음을.

요즘 세종학당에서 힘든 일이 있어 행로난(行路難), 행로난, 행로난 주문을 세 번 외우며, 인생이 바로 그렇다고 생각했다. 이번 강유시 여행을 통해 이백의 시를 여기저기에서 만나면서 가도 가도 가도 길은 또 있고, 가도 가도 가도 새로운 길은 또 만나게 되고, 가도 가도 가도 또 가야 한다는 것을 느꼈다.

이백기념관 여행 이전 당시 낭독의 세계를 만나는 방법론을 알게 되면서, 시인도 검색해보고 녹음도 한 적이 있었다. 그래서 중국인 선생에게 알고 있는 당시를 물으니 「민농(憫農)」, 「춘효(春曉)」, 「영아(咏鵝)」, 「정야사」라고 해, 「영아」와 「정야사」 낭독을 부탁했었다. 또 기회가 되면 중국인 지인들에게 한 편씩 녹음해달라고 하면 재미있을 것이다.

결과적으로 『당시 삼백수』에서 「행로난」을 펼쳐보니, '금준청주두십천(金樽请酒斗十千) 옥반진수직만전(玉盘珍垂直万钱)'으로 시작하고 있어 깜짝 놀랐었다. 『춘향전』에 나오는 몽룡(夢龍)의 시가 '금준미주천인혈(金樽美酒千人血) 옥반가효만성고(玉盤佳肴萬姓膏)'로 시작되기 때문이다. 『춘향전』의 작가는 이백의 시를 이미 읽고, 그 아이디어를 변형하여 자기 작품에 넣었다는 말인가? 너무나 놀라웠다. 대단한 작가들은 이미 고전 명작에서 어떻게 훔쳐왔는지 모르게, 자신의 작품에 들어가게 한다고 했는데. 이백의 고향을 갔다 오면서 당시가 더 친숙해지기 시작했다.

금자학법 34 — 다리 난간 학법

강유시 이백기념관 근처의 다리들에는 양쪽 난간에 이백의 시가, 그리고 천변 양쪽 난간에도 당시와 송사가 모두 새겨져 있었다. 이름하여 다리 난간 학법이라 할 수 있겠다.

이백기념관 근처 다리 난간에 새겨진 시

고사성어가 새겨진 한단의 학보교

수운 최제우가 만난 문화예술인들

금자학법 35 — 일상용품 학법

당시와 송사는 중국문학 시사 양식을 대표한다. 일상용품에도 이 시사가 새겨진 것을 흔하게 접할 수 있다. 국수그릇, 샤브샤브 용기, 도자기 베개, 거울 케이스, 우산 케이스 포장지, 세탁기, 자동차, 일회용 젓가락 포장지 등 무궁무진했다. 이름하여 일상용품 학법이라 할 수 있겠다.

시성호텔 화장실 내 일회용품 포장지 위의 시 　하북박물관의 도자기 베개 위의 시 　하북과기대학 근처 거리에 주차된 자동차 문의 시

■ **섬서성**　한무제릉(섬서성 함양시)

　　　진시황병마용박물관(섬서성 서안시)

수운 최제우가 만난

통치자들

한무제　　진시황

진시황秦始皇 한무제漢武帝가 무엇 없어 죽었는고
내가 그때 났었더면 불사약不死藥을 손에 들고
조롱만장嘲弄萬狀 하올 것을 늦게 나니 한이로다
『용담유사』 중 「안심가」에서

전한의 전성기를 이끈 한무제

목적지 섬서성 함양시 한무제릉

경로 하북성 석가장 하북과기대학 → 석가장역에서 기차로 섬서성 함양역 하차 → 택시로 한무
　　　제릉, 무릉박물관 이동 및 관람 → 택시로 함양시 근교 마외진의 양귀비묘 이동 및 관람
　　　→ 택시로 함양박물관 이동 및 관람 → 택시로 함양역 이동 → 기차로 석가장역 이동 →
　　　귀가

일시 2017년 11월 24일~11월 26일(무박 3일)

협소계에서 미지의 광활계로

기차는 석가장역에서 저녁 7시 10분 출발이다. 일상인 도시 협소계에서
대스토리를 품고 있는 광활계를 향해 떠나, 미지의 시간들이 어떻게 펼쳐
질 것인가, 여행을 앞두고 느껴지는 설렘이다. 협소계에 살고 있는 일상의
협소인이 알 수 없는 미지의 장소와 미지의 긴 시간 여행을 통해, 광활계
를 어떻게 뚫고 지나올 수 있을까?

기차가 출발할 시간을 기다리며 대합실에서 처음 중국에 온 2014년 9월
15일부터 지금까지(2017년 11월 24일)까지 3년 동안 중국에서 지내면서 기
억에 남는 것을 정리해보았다. 나는 내 기억이나 마음에 특별한 것을 심어
준 장면의 기록 사진은 핸드폰 갤러리에 보관하며 지우지 않는 습관이 있
다. 주로 식물과 그림, 책 관련된 것이다.

하북과기대학에서 처음 본 용과괴(龍瓜槐)나무, 석가장민속박물관에서
본 연화(年畵)와 면소(面塑)예술, 조주교에서 산 『홍루몽(紅樓夢)』 두루마리
그림, 대불사(大佛寺) 벼룩시장에서 산 『문왕팔괘밀결(文王八卦密訣)』과 『옥
갑기(玉匣記)』, 선물받은 비물질문화유산인 〈오우도(五牛圖)〉 전지, 신화서

비간묘를 방문했을 때 촬영한 황금나무

점 내부에 헌책방에서 구경한 옛날책 삽화 등이 2014년 기록으로 남아 있다. 2015년으로 넘어가면 성신여대 한국어학당에서 가르친 제자 촉악과 함께 사천성 성도 여행 때 본 두보초당(杜甫草堂)의 납매(臘梅), 1억 년 된 고사리나무인 사라수(娑羅樹), 하남 신향의 비간묘(比干廟), 북경대학과 청화대학, 청명상하원(淸明上下園), 현공사(懸空寺)와 운강석굴(雲崗石窟) 등이 보관되어 있다.

한무제릉에서 만난 중국의 서역 개척사

오늘 또 다른 광활계를 향해, 섬서성 함양 한무제릉으로 떠나는 기차에 몸을 실었다. 한무제 유철(劉徹)[1]은 전한의 제7대 황제이다. 유학을 바탕으로 하여 국가를 다스렸으며 해외 원정을 펼쳐 흉노, 위만조선 등을 멸망시켜 당시 중국 역사상 가장 넓은 영토를 만들어 전한의 전성기를 열었다. 중국 역사상 진시황제·강희제 등과 더불어 중국의 가장 위대한 황제 중 한 사람으로 꼽힌다. 무제는 창업 이래 쌓아 올린 문화적, 경제적 여력을 바탕으로 과감한 정책을 펴 전한의 황금시대를 이루었다. 그는 지금까지

1　刘彻 百科名片(前156年~前87年) : 汉族, 是汉朝的第7位皇帝, 中国古代伟大的政治家, 战略家, 诗人, 民族英雄. 汉武帝是汉景帝刘启的第十个儿子, 汉文帝刘恒的孙子, 汉惠帝刘盈的侄孙子(刘盈为汉高祖刘邦的儿子), 汉高祖的重孙子. 其母王娡, 在刘彻立太子同时被立为皇后. 刘彻公元前156年生于长安, 4岁时被册立为胶东王, 7岁时被册立为太子, 16岁登基, 在位五十四年(公元前141年~公元前87年), 建立了西汉王朝最辉煌的功业. 公元前87年刘彻崩于五柞宫, 享年70岁, 葬于茂陵, 谥号"孝武", 庙号世宗.

왼쪽 : 한무제
오른쪽 : 한무제릉

화친책으로 일관해오던 대흉노 정책을 버리고 적극적인 정책으로 전환하여 위청, 곽거병 등에게 명하여 흉노를 토벌하여 전한의 위력을 크게 떨쳤다. 이러한 정책에 힘입어 장건은 역사상 유명한 실크로드를 개척하는 선구가 되었다.[2]

아침 6시 넘어 함양역에 도착하여, 대합실에서 기다리다가 7시쯤 밖으로 나갔다. 이번 택시기사와는 200원에 요금을 흥정했다.

택시가 어느 소로를 지날 때 길가에 있는 집 대문에 복 복(福) 자가 두 개씩이나 걸려 있는 것을 봤다. 어느 거리를 지나다가 공사 리어카를 줄로 끌어올리는 장면도 목격했다. 흥평계(興平界)라는 지역 경계 안내판이 보

---

2   김구진 · 김희영 편저, 『이야기 중국사』 제1권, 청아출판사, 1991, 352쪽.

였다. 중국인 택시 기사는 한국을 좋아하고 일본을 싫어한다고 한다. 여행에서 늘 느끼지만 중국어를 잘하면, 중국에서의 여행이 훨씬 재미있겠다는 생각이 다시 들었다. 간단한 필담만 가능한 나로서는 아쉽기만 하다.

한무제릉은 야산처럼 만들어져 있고, 특별히 볼 것은 없었다. 그 근처의 무릉박물관도 인터넷에서 본 것 말고는 별다른 게 없었다. 여행을 하다 보면 인터넷 검색 정보에서 나오지 않는 것을 발견하는 것이 묘미다.

무릉박물관에서 본 주작 탁본

시간의 역사는 그 누구도 대신할 수 없으며, 부대끼며 그것을 어떻게 이겨내고 헤쳐 나오는가가 중요하다. 누구든 한 인간에게 축적된 인생의 경험이 서로 접점되고 교환되는 코드들을 통해 연합하거나 변화하는 계기가 될 수 있으며, 또는 위기에 맞닥뜨렸을 때 본색을 드러내기도 한다.

어떤 이는 세계를 이끌어가고, 또 어떤 이는 역사를 이끌어간다. 축적된 인생들을 중국 여행길에서 많이 자주 만났다. 편작묘에서는 중국 명의들을, 강자아조어대에서는 군신 책사들을, 염제릉에서는 모든 성씨(姓氏)들의 시조와 가훈들을 만났다. 그리고 이곳 한무제릉에서는 서역(西域)을 개척한 장군들을 만났다. 중국은 스토리의 나라이며, 스토리가 전승되기 편하게 역사의 코드들을 면밀하게 배치하고 있다는 생각이 들었다. 한 코드에 같은 부류의 역사 인물을 모두 불러내 집합시키는 특징이 있다.

무릉박물관은 외부에 야외 전시를 하고 있는데, 야외박물관의 전시물들은 빛의 노선에 따라 다르게 느껴지는 특성이 있다.

기념품 가게에서 현무 탁본을 하나 샀는데 좀 비쌌다. 중국에서 여행하다 보면 탁본(拓本)이 하나의 예술의 경지여서 탁본예술이라 칭해도 될 것 같다. 동파적벽에서도 많은 탁본을 보았고, '탁본 학법'이라는 금자학법을 재발견했다.

배추밭과 중국의 4대 미인

9시 10분쯤 한무제릉을 출발해서 함양 근교 마외진(馬嵬鎭)에 있는 양귀비묘박물관으로 향해 갔다. 『춘향전』에 등장하는 중국 인물 관련 논문을 쓸 때 양귀비가 나왔기에 이참에 답사하기로 했다. 택시가 주량촌이란 마을을 스쳐갔다. 새, 동물, 신수 문양, 풍수책들, 그리고 왕가촌(王家村)도 스쳐갔다. 함양 근교의 가로수에는 아주 오래된 고목으로 느껴지는 버드나무가 주종이었다. 차창 밖으로 보이는 감나무에는 감이 주렁주렁 달려 있었고, 옥수수를 말리는 풍경이 좀 달라 보였다. 옥수수를 기둥에 매달아서 말리고 있었다. 중국에서 몇 년 지내다 보니 어지간히 색다르고 특별하지 않으면 반응을 안 하게 된다.

그리고 가도가도 배추밭이었다. 한국에서도 강원도 고랭지 지대에 드넓은 배추밭이 있지만, 이렇게 평지에 배추밭이 한없이 이어지는 것은 처

양귀비묘박물관. 안쪽 회랑에는 양귀비의 스토리를 그려놓았다.

양귀비 조소상

음 본다. 택시기사는 잠깐 차를 멈추고 배추 밭 옆길에 펼쳐놓은 노점상에서 배추를 샀다. 지난번 섬서성 여행길에는 과수원 길가 노점에서 사과를 파는 모습이 인상적이었는데, 이번 섬서성 여행에는 드넓은 배추밭이 눈에 들어온다.

양귀비릉에 도착해서 입장권을 끊어 들어갔다. 회랑에는 양귀비 관련 화랑처럼 그림이 쭉 걸려 있고, 다른 쪽에는 백거이(白居易)의 「장한가(長恨歌)」를 모택동(毛澤東) 서체로 작품화하여 길게 붙여놓았다. 건물 외곽 뒤편의 벽에는 중국의 4대 미인, 양귀비, 서시(西施), 왕소군(王昭君), 초선(貂蟬)[3]의 그

---

3 중국의 4대 미인에 대해서는 중국 유학생에게서 들은 적 있고, 『춘향전』에도 중국의 4대 미인

수운 최제우가 만난 통치자들

〈괵국부인춘유도〉(위)와 〈한희재야연도〉. 중국 10대 명화에 속한다.

림이 그려져 있었다.

　양귀비묘 앞 작은 건물에는 중국에 와서 처음 알게 된 그림 〈괵국부인춘
유도(虢國婦人春遊圖)〉와 〈한희재야연도(韓熙載夜宴圖)〉가 그려져 있었다.

───────────────

　이 등장한다. 그래서 한국 역사에서 4대 미인을 꼽는다면 누가 있을까 생각해보았다. 내가 뽑
은 한국의 4대 미인은 춘향, 왜장도 반했던 논개, 용이 납치해갔던 수로부인, 스님도 넘어갔던
황진이이다.

함양역 구내의 한나라 시대 인물들 그림

이번 한무제와 양귀비 관련 여행이 너무 싱겁게 끝나버렸다. 인터넷에서 미리 찾아본 것 외에는 별게 없었으니 말이다. 아이러니하게도 한무제릉과 무릉박물관의 경우, 화장실이 제일 좋았다.

돌아가는 기차 시간까지 여유가 있어서 함양역 가까운 함양박물관(咸陽博物館)도 둘러보았다. 박물관 입장은 무료였다. 박물관을 다 관람한 후 역을 찾아 헤매다 한 과일가게에서 신강대조(新疆大棗)라고 쓰여 있는 큼직한 대추를 샀다. 그리고 '뱡뱡면'이라 쓰여 있는 식당이 많아 한번 먹어봤다. 값은 10원이었다. 면발이 정사각형 모양이고 맛은 비빔짜장면과 비슷했다. 기차역 편의점에서 휴지를 사려고 했는데, '위생지(衛生紙)'라고 중국어를 잘못 말해 휴지가 아닌 생리대를 사게 되었다.

함양역 구내에 전시된 한나라 시대 인물들

아침에 함양역 대합실 1층에서도 대형 벽화를 봤지만, 2층 대합실에는 또 다른 그림이 있었다. 왕소군, 장건(張騫), 한무제, 유방(劉邦), 위청(衛靑), 소무(蘇武) 등이 그려져 있었다.

저녁 8시 35분, 함양역을 출발했다. 침대차를 여러 번 타봤지만 한 칸에

수운 최제우가 만난 통치자들

나를 빼고 주변 사람이 모두 남자인 경우도 처음이었다. 자는 둥 마는 둥 하면서 박상륭, 박경리, 박완서, 최시형 등 내가 논문을 썼던 작가들의 전지를 생각했다.

봄 여행은 초록 대지와 오동나무 꽃이 장관이다. 꽃이 피고 지고, 새가 울고 날고, 낙엽이 지고, 새싹이 돋고, 초록이 지쳐 단풍이 들고, 비바람이 불고, 훈풍이 불고…. 아침 7시 45분에 석가장역에서 내렸다. 동생과 통화하며, 축적의 부러움, 붕정만리(鵬程萬里), 몽정만리(夢程萬里) 등에 대해 이야기했다.

불로불사를 꿈꾼 진시황

목적지 섬서성 서안시 진시황병마용

경로 1 하북성 석가장 하북과기대학 → 석가장역에서 기차로 섬서성 서안역 이동 → 시내버스로
화청지 이동 및 관람 → 진시황박물관 이동 및 관람 → 대안탑공원 거리 이동 및 관람 →
택시로 서안역 이동 → 기차로 석가장역 이동 → 귀가

경로 2 하북성 석가장 하북과기대학 → 석가장역에서 기차로 서안역 이동 → 시내버스로 화청지
이동 및 관람 → 진시황병마용 이동 및 관람 → 대안탑공원 거리 이동 및 관람 → 천하제
일면 식당에서 식사 → 자동차로 제의 집 이동, 취침 → 자동차로 섬서성 한성의 사마천
사 이동 및 관람 → 자동차로 서안역 이동 → 기차로 석가장역 이동 → 귀가

일시   2018년 3월 23일~25일(무박 3일) / 2019년 8월 1일~8월 3일(1박 3일)

20년 만에 다시 찾은 서안

절강성(浙江省) 금화(金華)에 사는 성신여대 한국어학당 시절의 제자 효
비와 함께 중국 고대 10대 명의 중 한 명인 주단계(朱丹溪)를 찾아 절강성
의오(義烏) 적안진(赤岸鎭)에 있는 주단계문화원을 다녀오면서, 성신여대
어학당을 떠나 광운대로 진학한 뒤 연락이 끊겼던 제자 뇌단과 다시 연결
이 되었다.

원래 특별한 일이 없으면 매달 한 번씩 유적지 답사를 하기 때문에, 3월
에는 진시황릉을 가보기로 예정하고 있었는데, 뇌단이 마침 서안에 살고
있어 같이 만나서 여행하게 되었다. 진시황병마용(秦始皇兵馬俑)은 1997년
에 가본 적이 있으나, 진시황 관련 여행 사진을 찾기가 어려워 사진이 필
요해서 떠난 여행인 셈이다.

진시황[4]은 중국 진나라의 황제로 중국을 최초로 통일했으나, 통일제국

---

4   秦始皇 百科名片(公元前259年~前210年) : 秦庄襄王之子, 杰出的政治家, 军事统帅. 战国末

진은 그가 죽은 지 4년 만에 멸망했다. 그
는 중국 역사상 최초로 통일국가를 이룩해
봉건제를 폐지하고 군현제를 실시하여 강
력한 중앙집권체제를 확립하였다. 승상 이
사(李斯)에게 명하여 문자와 도량형을 통일
하는 등 모든 제도의 개혁을 단행하였다.
장군 몽염에게 명하여 흉노를 토벌하고 만
리장성의 대공사를 감독하도록 하였고 분
서갱유와 무거운 세금을 부과하였다. 또

진시황

진왕조의 지주 정권과 농민 간의 모순은 진승, 오광의 반란을 일으키는 결
과를 가져왔다. 이 반란을 신호로 각지에서 진나라 타도를 외치는 반란이
타올랐고 유방과 항우도 봉기하여 여러 제후들과 합쳐 진나라 타도에 선
도적 역할[5]을 했다.

여행지에서는 택시를 타야 하는데 대절비가 너무 비싸서, 석가장 시내
에서는 택시를 타지 않고 주로 시내버스를 이용한다. 중국은 시내버스마
다 막차 시간이 다른데, 하북과기대학은 석가장시의 변두리에 위치하고
있어 시내버스가 빨리 끊기는 편이다. 석가장역을 가려 해도 석가장북역
을 가려 해도 한번에 가는 버스가 없어 꼭 갈아타야 한다.

시내버스를 갈아타고 석가장역에 도착해서 뇌단에게 출발한다는 문자

期秦国君主，首位完成中国统一的秦王朝的开国皇帝. 嬴姓，赵氏，名政正，先秦时期男子
称氏不称姓，故称赵政，秦王政，秦王赵政，赵王政，然后世多称之嬴政. 秦始皇是中国历
史上第一个使用"皇帝"称号的君主，对中国和世界的历史均产生了深远而重大的影响，被
明代思想家李贽誉为"千古一帝".

5 김구진·김희영 편, 『이야기 중국사』 제1권, 청아출판사, 1991, 252쪽.

를 보냈다. 이번 기차는 부드러운 침대[軟臥]의 상포(上鋪)였다.

당당한 인생을 살아가는 제자

다음 날 아침 8시 서안역에 도착해서 뇌단을 만나 화청궁(華淸宮)으로 가는 버스를 탔다. 1997년에는 화청지(華淸池)라고 했는데, 화청궁으로 격상된 모양이다. 또 진시황병마용(秦始皇兵馬俑)도 진시황병마용박물관으로 확장되었다.

한 시간쯤 걸려 화청지에 도착했다. 버스비와 입장료를 모두 뇌단이 지불했다. 목욕 후의 양귀비를 형상화한 조소상은 양귀비묘박물관에서 본 조소상과 같은 당풍(唐風) 헤어스타일을 하고 있다. 20년 전 서안 여행을 떠올려봐도 여산(廬山)이나 서안사변(西安事變) 관련 사무실만 생각나고, 모두 달라진 것 같긴 한데 생각도 잘 안 났다.

화청지의 양귀비 조소상

한국말이 시끄럽게 들려와 고개를 돌려보니 한국 노인 여행단이어서 인사를 드렸다. 입구 광장에 있는 「장한가(長恨歌)」 관련 청동 조소상은 아주 거대하고 자연스럽게 조성되어 있었다. 병마용을 만들었던 이들의 후예라 이러한 조소상을 잘 만드는 것인가?

화청궁을 구경하고 다시

수운 최제우가 만난 통치자들

버스를 타고 진시황릉으로 갔다. 섬서성의 유명한 국수 뱡뱡면을 먹고 맥도날드에서 커피를 마시며 그동안의 많은 얘기를 나누었다 (점심과 커피만 내가 샀다). 10년 만에 만난 뇌단은 훌륭하고 당당한 인생을 살고

진시황병마용박물관

있었다. 원래 그녀는 건국대 어학원에서 한국어를 공부하다가, 스스로 성신여대 어학당을 찾아왔다고 했다. 왜 광운대로 갔냐고 하니, 9월 입학이 가능하고 장학금 때문에 갔다고 한다. 광운대에서 멀티미디어를 전공한 뇌단은 현재 ST전자 대리 직함을 갖고 있고 벌써 근무한 지 5년 반이 되었다고 한다. 이 회사는 청주에 한국 본사가 있고, 부장은 한국 사람이라고 한다.

뇌단은 87년생이고 부모님은 63년생이다. 섬서성 서안 근교 위남(渭南)은 거의 집성촌이라 거의 모든 사람이 친척이라 한다. 뇌단의 아버지는 서안에서 대학을 나와 세무국에 근무하고 있다고. 아버지의 인생관 덕분에 한국 유학을 경험할 수 있었고, 새로운 안목으로 인생을 보게 되었다고 말한다. 남편도 한국에 갔다 온 적이 있고, 현재 1주일에 두 번 정도 직원들에게 한국어를 가르쳐준다고 한다. 쌍둥이 아이들을 위해 일본어와 영어 공부도 하고 있다고 한다.

진시황릉 입장료는 150원이었다. 코끼리열차를 타고 병마용 입구에 도착하여 진열관 3호갱, 2호갱, 1호갱 순서로 구경했다.

다시 버스를 타고 대안탑(大雁塔)으로 가는데 시내 방향으로 한 시간 이

상이 걸렸다. 화막(花饃) 문화인, 꽃빵에 대해 뇌단에게 처음 들어봤다. 밀가루 반죽으로 다양한 문양으로 만들어 사용하는 일종의 음식문화이다. 한국의 이바지음식 같은데, 돌아가신 분께는 없다고 한다.

백거이의 곡강, 두보의 곡강

대안탑 근처의 곡강창합공원에서는 블로그에서 본 다양한 조소상들을 구경했다. 곡강(曲江)은 백거이(白居易)의 시 「입추일곡강억원구(立秋日曲江憶元九, 입추일에 곡강에서 원진을 그리워하며)」와 두보(杜甫)의 시 「곡강」에 모두 나온다.

대안탑에서 서안역으로 가는 택시를 뇌단이 불러주었다. 뇌단과 헤어질 때 내 책 『그림으로 읽는 수운 최제우 이야기』와 뇌단의 쌍둥이 아들을 오린 전지, 김 등을 선물로 주었다. 석가장으로 복귀하며 도(道)의 족적과 중량에 대해 생각하게 되었다.

동생과 함께 다시 진시황릉으로

우주에 공짜 없다

방학이라 석가장에 놀러온 동생이 요즘 자주 고미숙 작가 강의를 듣는다고 해서, 여행을 떠나기 전 같이 들었다. 삶의 무지로부터 벗어나기 위한 앎의 여정, 하늘에 봄이 오고, 땅에 봄이 오고, 자연의 매듭이 풀리고, 우주에 공짜 없다 등의 내용이었다.

안 그래도 중국에서 계속 각인된 것은 일석오조(一石五鳥)의 감동이 있어야 한다는 점이었다. 그래서 이번 여행 콘셉트도 그쪽으로 잡기로 했다.

수운 최제우가 만난 통치자들

지난번에 놓친 볼거리들

아침 8시도 안 되어 화청지에 입장했다. 화청지에는 석류나무 고수(古樹)가 많았다. 버스를 타고 병마용으로 옮겨가서 병마용 주변의 국수집에서 뱡뱡면과 쿠다이미엔[袴帶面] 두 그릇을 주문했다.

화청지의 석류나무

병마용에는 전동차를 타고 입장했다. 지난번에 못 봤던 우왕전(禹王殿)과 역대 제왕 온천행 부조 사진, 백거이의 「장한가」 부조물 등을 관람했다.

진시황병마용박물관의 진시황 조소상

이곳에서 자를 일곱 개나 샀다. 「천자문」이 새겨진 것, 『역경(易經)』이 새겨진 것, 『중용』과 『도덕경』, 『손자병법』의 36계(計)가 새겨진 것 등 모두 160원이었다.

병마용에서 다시 대안탑 공원으로 이동했다. 대안탑 주변 거리에는 육우(陆羽), 회소(懷素), 승일행(僧一行) 등의 조소상이 있는데 모두 잘 모르는 사람들이다. 왕구사(王九思), 강해(康海) 등 희곡

사마천사묘 원경과 사마천 조소상

작가들의 조소상도 있었으나 역시 잘 모르는 인물이다.

뇌단 부부와는 대안탑 근처 식당에서 만나기로 약속해두었다. 식사 후 뇌단네 집에 가서 하룻밤 신세를 지고, 다음 날 사마천사묘(司馬遷祠墓)가 있는 한성(韓城)에 함께 가기로 했다. 뇌단에게는 한국어 책, 김홍도 그림 컵받침을, 쌍둥이에게는 천자문 자 두 개와 한국 과자를, 남편에게 곤룡포 무늬 볼펜 등을 선물로 준비했다.

사마천 사당을 향해

한성으로 가는 길에 부평(富平)이라는 지역을 지났다. 부평휴게소에서 아점을 먹었는데, 이 부평이 시진핑[習近平] 주석의 부친인 시중쉰[習仲勳]

수운 최제우가 만난 통치자들

의 고향이라고 한다. 한국과 달리 중국의 고속도로 휴게소에는 서예 작품을 파는 게 특이했다.

뇌단이 인터넷으로 사마천사묘 입장권을 예매해두었다. 기념품 가게에서 용문(龍門) 동네 탁본을 구입했다. 사마천을 포함한 중국 5천 년 역사에 걸친 여러 역사적 인물을 수많은 조소상으로 조성해놓은 하남성 정주 근교의 황하명승구가 떠올랐다.

금자학법 36 ― 청명상하도 학법

장택단의 〈청명상하도〉는 성신여대 한국어학당에서 중국 학생을 통해 처음 알게 된 중국 10대 명화 중 하나로 길이 5미터의 대작이다. 중국에 있으면서 〈청명상하도〉를 아주 다양한 버전으로 만나게 되었다. 특히 하남성 개봉에서는 그림 속 풍경 그대로를 복원하여 청명상하원이라는 공원을 조성했다. 〈청명상하도〉는 자수, 그림, 면소예술, 달력, 전지, 도자기 그림 등으로 다양하게 재생산되고 있다. 이름하여 청명상하도 학법이다.

개봉의 청명상하원 공원

청명상하도 부채

하남성 개봉북역 대합실 내 〈청명상하도〉 그림

책자형으로 제작된 〈청명상하도〉의 앞뒤 표지와 펼친 형태

수운 최제우가 만난 통치자들

장택단의 〈청명상하도〉 부분

■ **하북성**   편작묘(하북성 형대시 내구현)
■ **하남성**   편작묘(하남성 안양시 탕음현)
         우왕대공원 내 고취대(하남성 개봉시)
■ **광동성**   석숭공원(광동성 동완시)

그 외의 특별한 인물들

편작   사광   석숭

한울님께 받은 재주 만병회춘(萬病回春) 되지마는
이내 몸 발천되면 한울님이 주실런가
주시기만 줄작시면 편작(扁鵲)이 다시 와도 이내 선약(仙藥) 당할소냐
『용담유사』 중 「안심가」에서

십세(十歲)를 지내나니 총명(聰明)은 사광(師曠)이요
지국(智局)이 비범(非凡)하고 재기(才器) 과인(過人)하니
『용담유사』 중 「몽중노소문답가」에서

참구사인(懺咎斯人)은 욕불급석씨지자(慾不及石氏之貲)요,
극성기아(極誠其兒)는 갱불선사광지총(更不羨師曠之聰)이라.
(잘못을 뉘우친 사람은, 욕심이 석숭의 재물도 탐내지 아니하고, 한울님 모심에
정성이 지극한 아이는, 더욱 사광의 총명도 부러워하지 않더라.)
『동경대전』 「수덕문」에서

최고의 명의 편작

목적지 하북성 형대시 내구현 편작묘 / 하남성 탕음현 편작묘
경로 1 하북성 석가장 하북과기대학 → 남초객운참 버스터미널에서 시외버스로 하북성 형대시
　　　 근교 내구현 이동 → 택시로 편작묘 이동 및 관람 → 택시로 내구현 정류장 이동 → 시외
　　　 버스로 석가장 남초객운참 버스터미널 이동 → 시내버스로 귀가
경로 2 하북성 석가장 하북과기대학 → 석가장역에서 기차로 하남성 탕음역 이동 → 택시로 편작
　　　 묘 이동 및 관람 → 택시로 악비묘 이동 및 관람 → 택시로 유리성 이동 및 관람 → 택시
　　　 로 안양동역 이동 → 기차로 석가장역 이동 → 귀가
일시　 2016년 6월 26일(당일) / 2018년 4월 7일(당일)

풍수지리적 명당 내구현 편작묘

제자들과 함께, 편작의 제자들을 만나다

　편작 여행을 가기 위한 준비가 모두 끝났다. 하북성 내구(內丘) 근처의
형대에 사는 학생의 안내를 받아 가기로 했다. 부모님도 함께 가신다고 하
기에 평일인데 생업에 지장을 받으실 것 같아 괜찮다고 했다. 그런데 바로
출발 전날, 그 학생이 다른 친구들도 같이 가면 어떠냐고 했다. 아무래도

하북성 형대시 내구현 편작묘

하북성도서관 부조물 중 편작

편작의 10제자 소상

한국어에 자신감이 없어 다른 친구를 대동하려는 것 같다. 나는 아무래도 좋았다. 하북과기대학 동문에서 오전 7시에 만나기로 했다. 시외버스터미널인 남초객운참도 미리 답사했기에 매표소로 곧바로 가 버스표 네 장을 샀다.

한 시간 반쯤 시외버스를 타고, 다시 30분쯤 택시를 타고 편작묘(扁鵲廟)까지 갔다. 계속 차창 밖을 보면서 이 지역은 어떤 특색이 있는지 살폈는데, 이 도시 풍경은 석가장과 별로 다른 점이 없었다. 다만 노란 꽃이 피는 모감주나무, 난수(欒樹)가 가로수라서 거리가 참 예뻤다. 안내판에 형요문화지원 편작행의고리(扁鵲行醫故里)라 쓰여 있었

편작

다. 편작묘 입구에 우리를 내려준 택시기사는 구경이 끝나면 전화하라고 연락처를 줬다.

매표소 근처에 오래된 탑이 하나 있었다. 사당 입구에는 한국의 사찰 입구에 있는 사천왕상에 해당하는 수호신이 청룡(靑龍)과 백호(白虎)라는 이름으로 쓰여 있어 약간은 신기했다. 아름다운 정원과 오래된 고목과 회랑 등은 중국 여러 유적

수운 최제우가 만난 그 외의 특별한 인물들

지에서 본 스타일이다. 다만 이 사당에 와 제일 먼저 놀란 것이 편작 본존상 주변에 열 명의 제자, 자양(子陽), 자동(子同), 자용(子容), 자명(子明), 자표(子豹), 자술(子術), 태자(太子), 자유(子游), 자월(子越), 자의(子儀)가 조소상으로 만들어 있다는 것이었다. 제자들 모두에게 이름이 있다는 것이 놀라웠고, 침술, 채약, 안마 등 전공 분야가 각기 달랐다. 제자와 함께 편작을 모셔놓은 점이 사제문화의 한 모범이라고 생각되었다.

편작묘에서 가장 높은 위치에 있는 삼청각(三淸閣)에 올라섰다. 도교의 신들을 가장 높은 자리에 모셔놓은 모양이었다. 이곳은 전망이 아주 좋을뿐만 아니라, 산줄기에 모두 하얀 암석들로 큰 띠를 두르고 있는 듯하여 산세가 더욱 아름다웠다. 삼청각 안에는 노자 지존, 왕랑성모 등이 모셔져 있었다. 왕랑성모는 한국의 삼신할머니에 해당되는 것 같았다. 운모, 경모, 운소 등 선녀 소상도 있었다. 중국에 와서 봤던, 3천 년 전 배경, 상나라와 주나라 시대를 배경으로 한 드라마 〈봉신영웅(封神英雄)〉에 등장하는 선녀들이다. 그 외의 선녀 10명이 있었다. 합정(盒淀), 강옥(强玉), 운봉(雲峯), 경련(耿蓮), 향춘(香春), 영숙(靈淑) 등의 이름을 달고 악기도 하나씩 다 들고 있었다.

광활한 대지 위에 넓게 펼쳐져 있는 편작사당은 약초가 숨어 있는 산만이 아니라, 풍수지리 관점에서 명당이라는 점도 한몫한다는 생각이 들었다. 앞 산, 뒷산, 오른쪽 산, 왼쪽 산, 봐도 봐도 편작사당은 이 산들이 잘 지키고 있다는 생각이 들었다. 더위를 식혀주는 시원한 바람에 내려오고 싶지 않았지만, 못 본 곳을 둘러보기 위해 내려왔다. 삼청각에서 내려오다 들른 재신전(財神殿), 이곳에는 재물의 신 관우(關羽)와 조공명(趙公明)이 모셔져 있었다. 편작무덤(扁鵲墓)은 서하류에 둘러싸여 있었다. 그리고 어떤 전각에는 강자아와 주문왕의 만남의 장면을 벽화로 그려놓았다.

벽에 정렬된 중국 고대 명의들

수리 중인 건축 공사 현장 옆에 회색 벽이 세워져 있었는데, 인물들이 부조되어 있었다. 가까이 가서 자세히 보니 편작을 비롯해 이시진(李時珍), 화타(華陀), 유완소(劉完素), 그 밖에 갈홍(葛洪), 엽천사(葉天士), 황보밀(皇甫謐), 손사막(孫思邈) 등이었다. 공사 중이라서 모래가 비스듬히 덮여 있지만, 볼 수 있는 만큼은 다 보였다.

그리고 마지막 기념품 가게에서 파는 편작 조소상이 너무 커서 사지는 못했다. 아쉬워하자 다만 사진 촬영만 허락받았다. 아쉬움을 달래며 사당을 나오는데 커다란 측백나무 고목이 죽 늘어서 우리를 배웅해주었다. 그렇게 하루, 학생들의 안내를 받으며 편작 사당을 잘 구경하고 돌아왔다.

하남성 탕음현의 또 하나의 편작묘

새벽의 시골역

기차의 출발 시간이 오전 1시 40분이어서 일찌감치 석가장역에 가서 기차를 기다리면서 자정을 넘겼다. 휑한 대합실에서 오랜 시간 기다리자니 한기가 느껴졌다. 대합실 2층에 휴한실(休閑室)이라 쓰여진 공간이 있어 한번 이용해보기로 마음을 먹었다. 휴한실은 작은 침대가 하나 놓여 있는 1인용 객실 같은 방이다. 시간 단위로 돈을 지불하면 되었다. 그래서 자정을 넘긴 시간, 휴한실에서 40분 정도 누워 쉬었다.

이번에는 침대차가 아니라 오랜만에 일반 객실을 이용했다. 계속 무박 3일의 코스로 다니다 보니 침대차를 이용해야 했다. 이번 탕음 여행은 시간은 애매하지만 당일치기 여행이나 마찬가지다. 탕음역은 아주 작은 역이

수운 최제우가 만난 그 외의 특별한 인물들

라 자주 기차가 정차하지 않는다.

일반 객차라서 이 새벽에도 도떼기시장 같았다. 어떤 사람은 객차와 객차를 연결하는 위치에 있는 화장실 앞문에 기대서 잠을 잔다. 새벽 4시 40분 탕음역에서 하차했다. 너무 새벽이라 어디선가 기다려야 했다. 탕음역 대합실은 문이 잠겨 있었고 매표소는 열려 있었다. 어쨌든 한기가 많이 느껴졌고, 어디로 갈 수 있는 시간도 아니었다. 머무를 수 있는 실내 공간은 이곳 매표소밖에 없었다.

중국의 기차역에선 표를 갖고 있는 사람만 들어갈 수 있는 대합실에는 편의시설이 갖추어져 있지만, 매표소에는 의자는 물론 아무것도 없다. 그냥 멍하니 서 있을 수 없어, 챙겨온 당시(唐詩) 펜글씨 연습 공책을 보며 1시간 20분 정도를 기다렸다. 탕음역은 시골의 작은 역이라 대합실도 24시간 개방은 아닌 것 같다.

6시가 되니까 굳게 잠겨 있던 대합실 문이 열렸다. 나는 역무원에게 화장실에 간다고 말하고 대합실 안으로 들어갔다. 내가 금방 안 나오니까 역무원이 다시 나와 기차표를 보여달라고 했다. 나는 7시에 나가겠다고 했다. 그사이 대합실에서 배낭에 싸간 간식을 먹고, 커피를 마시고, 양치도 했다. 역무원의 따가운 눈총이 느껴지는 바늘방석 심리라서, 7시도 되기 전 6시 40분에 결국 몸을 일으켰다. 그래도 출발하기엔 시간이 이른 것 같아서, 다시 매표소에 들어가서 10분 정도 기다렸다가, 7시에 탕음역을 나왔다.

서까래에 용이 휘감긴 편작묘

택시비를 100원으로 정하고, 탕음역을 떠났다. 먼저 젊은 택시기사는 악비묘(岳飛廟)가 제일 가깝다며 먼저 그쪽부터 가자고 했다. 그러나 악비

하남성 편작묘의 한 전각 내 서까래 위의 목각 청룡

사당은 아직 공식적으로 문을 안 열었기 때문에 다시 편작묘를 향해 출발했다.

편작묘는 무료 관람 장소여서 그런지 관람 시간도 일렀다. 내가 알고 있는 중국의 10대 명의 중 5대 명의가 조금 달랐다. 왕숙화(王叔和), 갈치천(葛穉川), 화타(華佗), 순우의(淳于意), 장중경(張仲景), 손사막(孫思邈), 황보밀(皇甫謐) 등, 또 다른 전각에는 무재신(武財神) 인물들을 기리고 보호하는지 서까래에는 매와 용 형상을 목각으로 새겨놓았다. 대형 그림은 많이 봤었지만 이런 형상은 처음 봤다. 편작묘 뜰에는 쑥이 아주 많이 자란 쑥밭이 있었다.

충신의 대명사, 악비

악비묘에서는 택시기사가 저렴한 현지인 전용 입장권을 사주었다.

악비에게는 다섯 명의 아들이 있었다. 아들들의 이름은 악뢰, 악림, 악진, 악정 등이다. 양가장(楊家將)처럼 악비의 온 가족이 장군인 모양이다.

섬서성 보계시 염제릉의 내부 모든 벽에 각성의 유래와 가훈을 족자로 걸어놓은 것처럼, 이곳에서는 역대 황제들이 악비에 대해 평가한 말을 족자에 써서 전시해놓았다.

중국에서 여기저기 여행을 다니면서 본 바에 의하면, 중국은 인물을 기리는 방식이 다른 것 같다. 영혼을 불어넣은 소상이나 조소상의 설치, 그리고 각종 찬사를 넣는 방식, 예술 양식을 모두 사용해서 넣는 방식, 하늘과 조소상의 매치 방식도 염제릉과 황제릉에서 이미 봤었다. 벽에 비석 문장을 집어 넣어 만든 것도 많이 봤다. 즉 건축할 때부터 칭송사를 집어넣어서 건축한다는 점이다.

박상륭 소설과 영화의 배경지, 주문왕의 유리성

이어서 문왕(文王) 관련 유적지인 유리성으로 향했다. 문왕은 동학 경전에 언급된 중국 인물 탐방 때문에 갔다 왔다. 나는 여행에 앞서 '중국 10대 명의', '동학 텍스트 중국 인물 26명', 『춘향전』 텍스트 중국 인물 80명' 이렇게 세 개의 목록을 만들었는데, 서로 겹치는 인물도 있다. 편작은 세 개의 목록에 모두 나오고, 요 임금 · 순 임금 · 도연명 · 이백 · 주돈이 · 왕희지 · 공자 · 강태공 · 신농씨 등은 동학 텍스트와 『춘향전』 텍스트에만 겹쳐 나온다. 서시 · 양귀비 · 채문희 · 두보 · 비간 · 소무 · 손빈 · 사마천 등은 『춘향전』 텍스트에만 나온다. 세 개의 목록 중 '중국 10대 명의'를 먼저 끝내려고 하고 있다. 하나의 목록이라도 완료해야 뭔가 성취감이 들 것 같기 때문이다. 그리고 한 번의 여행지 코스에서 두세 개 유적지를 탐방할 수 있다면 더 좋을 것이다.

나는 주로 금요일 저녁 침대차를 타고, 토요일 아침 목적지에 도착, 토요일 하루 종일 답사, 토요일 밤에 침대차를 타서 일요일에 석가장으로 복귀하는, 이름하여 무박 3일의 여행을 하고 있다. 그렇게 하면 일요일 저녁에 여행 결과를 정리하면서 휴식할 수 있고, 월요일 출근에 무리가 적기 때문이다.

가야 할 유적지의 정확한 이름을 알면 바이두[百度] 지도에서 출발지와 목적지를 검색하면 된다. 그러면 버스로 몇 킬로미터인지, 택시로 몇 킬로미터인지, 비용이 얼마나 들지 등을 대충 예측할 수 있다. 그러나 확실한 유적지 이름을 모르면 정보 찾기가 어렵다.

성군의 대명사인 주문왕과 관련된 지역은 생각보다 별로 없었다. 언젠가 하남성 안양역에 잠시 정차했을 때, 역사 안쪽 벽에 은허박물관(殷墟博物館)과 유리성(羑里城) 사진이 크게 붙어 있어 유리성이란 이름을 알게 되었다. 유리성은 주문왕이 유폐되어 있던 곳이다. 박상륭의 소설『죽음의 한 연구』에서도 유리(羑里)라는 지역이 나온다. 그리고 하남성 탕음역을 통과할 때 기차역 내부 철로 주변에서 악왕고리(岳王故里)라 써 있는 비석도 본 적이 있었다.

어쨌든 유리성이란 지역을 검색하니 여행 정보가 나왔다. 그리고 그곳에 편작묘와 악비고리가 같이 있어 함께, 묶어서 가면 좋겠다는 생각이 들었다.

유리성 유적지로 들어가니, 수양버들이 우거진 작은 연못 내부의 조형

주문왕 조소상

수운 최제우가 만난 그 외의 특별한 인물들

유리성의 미로

을 태극으로 구분하고 음(陰) 속의 양(陽)인 듯, 양(陽) 속의 음(陰)인 듯, 작은 동그라미 조형까지. 그리고 그 근처에 주문왕의 조소상을 세워놓았다. 안으로 점점 들어가니, 한 전각 근처에 주역 중 몇 개의 괘를 돌의자로 설치해놓았다. 작은 정자 주변, 천지사방에 미로와 미궁들. 이곳은 길이 구부러질 때마다 역법 관련 문장들이 쓰여 있었다. 순서점진(順序漸進, 순서대로 한 걸음 나아가다), 일여기왕(一如旣往, 지난날과 다름 없다), 유련망반(流連忘返, 놀다가 돌아감을 잊는 경우가 있으면 곤란하다), 변화막측(變化莫測, 끊임없이 달라져서 이루 다 헤어릴 수 없다), 차생무회(此生無悔, 세상을 떠날 즈음 후회없이 살겠다) 등.

그 뒤 전각으로 가니 후덕재물(厚德載物)과 자강불식(自强不息)이라는 현판이 있는 양측 문 입구 사이에 세워진 벽에 고사성어가 여러 개 붙어 있었다. 구오지존(九五之尊), 일언구정(一言九鼎), 삼양개태(三陽開泰), 혁고정신(革故精神) 등.

그곳을 나와 주역 괘 모양의 돌의자가 있던 전각의 앞쪽으로 가니, 봉신영웅(封神英雄)들이 등장하는 인물들의 신상이 있었다.

한 그림에는 중국 역사상 주역 전문가 군단이 한 벽의 인물 집합화로 그려져 있었다. 제갈량(諸葛亮), 기효람(紀曉嵐), 장형(張衡), 황종희(黃宗羲), 왕부지(王夫之), 주희(朱熹), 공영달(孔穎達), 승일행(僧一行) 등.

이야기를 풍부하게 만드는 비결이 무엇일까? 편작묘에서 10대 명의를 둘러보자는 발상을 했듯이, 이번 여행에서 많은 아이디어를 건졌다.

이번 여행지인 탕음역이 너무 작은 역이다 보니, 어제 석가장역에서 4시간을 기다렸었고, 오늘은 탕음역에서 출발하는 기차가 없기에 안양동역에서 거의 7시간을 기다렸다. 결국 11시간에 3시간을 더한 시간 동안 침대차를 탄 긴 시간의 느낌이 들었다. 그래도 여행이 아주 보람된 여행이며, 아이디어 헌팅도 많이 되었다. 여행을 잘 하고 석가장역에 내려 귀갓길, 택시기사가 바가지를 씌워, 뺑뺑 돌아 교사 숙소로 왔다.

수운 최제우가 만난 그 외의 특별한 인물들

천재 음악가 사광

목적지 하남성 개봉시 우왕대공원 내 고취대

경로　하북성 석가장 하북과기대학 → 석가장역에서 기차로 하남성 개봉북역 이동 → 시내버스
　　　로 우왕대공원 이동 → 고취대 관람 → 시내버스로 개봉북역 이동 → 기차로 석가장역 이
　　　동 → 귀가

일시　2018년 10월 1일(당일)

우주적 성실과 우주적 공부 방식

중국어 병음을 외우기 시작하면서, 중국 인터넷 사이트 바이두에서 조
금씩 검색을 하게 되었다. 두목지나 사광, 석숭은 의외로 관련 유적지나
여행지가 없는 편이다.

수운이 총명의 비유자로 칭했던 사광. 사광[1]은 춘추시대 진(晉)나라 사
람. 자는 자야(子野)다. 진평공(晉平公) 때 악사(樂師)를 지냈다. 전하는 말로
태어날 때부터 장님이었는데, 음률을 잘 판별했고 소리로 길흉까지 점쳤

1　师旷, 字子野, 一说鲁国平阳(今山东新泰)南师店人, 另一说山西省临汾市洪洞县人. 先秦著
名音乐大师, 古人称为乐圣, 春秋时期晋国晋悼公和晋平公时大臣, 太宰, 宫廷掌乐太师],
古传太极拳开创者, 教育家, 思想家, 最早提出"民贵君轻". 善卜卦推演, 被尊崇为算命先
生的祖师爷. 他生而无目(一说为专心练琴自己刺瞎眼睛), 故自称盲臣, 瞑臣, 初为晋大夫, 后
拜为太宰, 亦称晋野, 博学多才, 尤精音律, 善弹琴, 辨音力极强. 以"师旷之聪"闻名于后
世, 据说师旷可以听到天庭之音, 他同时精通鸟兽语言, 他抚琴时, 能使凤凰来仪, 是神话
传说中顺风耳的原型. 他艺术造诣极高, 著名琴曲《阳春》,《白雪》, 即为其所作, 民间附会
出许多师旷奏乐的神异故事. 今河南开封禹王台即师旷曾演奏乐曲之古吹台, 陕西宝鸡市
扶风县法门镇马家村有陕西省重点文物保护单位——师旷墓, 洪洞县曲亭镇师村有师旷墓
遗址. 师旷不仅在音乐, 政治, 道学等方面有卓越贡献, 而且著有《禽经》, 总结了我国先秦
以前的鸟类知识.

사광

다고 한다. 제나라가 진나라를 침공했는데, 새소리를 듣고 제나라 군대가 이미 후퇴한 것을 알아냈다. 평공이 큰 종을 주조했는데 모든 악공들이 음률이 정확하다고 했지만 그만 그렇지 않다고 판단했다. 나중에 사연(師涓)이 이 사실을 확인했다. 『금경(禽經)』을 지었다고 전해진다.[2]

사광과 관련된 지역으로 하남성 개봉시에 있는 우왕대공원 내 고취대를 찾았다. 다행히 하남성 개봉은 하북성 석가장과 비교적 가까운 편이어서, 당일 코스로 여행이 가능했다. 요즘 산과 물 관련 지형들이 민감하게 다가와서, 이름하여 산수학이라 칭하면서 관심을 갖게 되었다.

김윤식 선생님의 별세 소식을 접했다. 작년(2017)에는 박상륭 선생님의 별세 소식을 접했었는데. 하루도 빠짐없이 원고지 10장 이상의 글을 쓴다는 것이 대단하다. 거의 우주적인 성실이라 칭할 수 있을 것이다. 박상륭 선생님은 시공을 초월하는 우주적 방식의 공부를 좋아하셨던 것 같다. 나도 그 성실을 본받아 중국어 사전을 통째로 외우기라도 해야 할 것 같다.

산학(山學), 수학(水學), 산수학(山水學), 수도학(首都學)

개봉으로 향해 가는 열차에서 생각에 잠겨, 이제 과거는 날려 보내고 신미래를 꿈꿔야겠다는 생각이 강하게 들었다. 여행기를 잘 기획하고, 중국

---

2 [네이버 지식백과]사광[師曠](임종욱 · 김해명, 『중국역대인명사전』, 2010.1.20)

수운 최제우가 만난 그 외의 특별한 인물들

어 사전을 독파해야겠다는 꿈, 베이징 워크숍 때, 주중문화원 작가 초청 행사에 갔다가, 우연히 뵌 K선생님을 통해, 박상륭 선생님의 추모 모임을 듣게 되어, 기억을 소환시키는 고리가 만들어졌다. 출판사 대표님을 통해 김윤식 선생님의 고리가 이어졌듯이 말이다.

한국에 있을 때 산이 국토의 70% 이상이라는 게 그저 당연하고, 나에게 별로 특별한 의미를 생성시키지는 못했다. 그런데 하북성 지역에 살다 보니 거의 산이 없고, 생활권에서 눈에 보이는 산도 없어서, 산이 얼마나 중요한가가 재발견되었다. 한국 산은 산세(山勢), 산론(山論), 산학(山學), 수론 (水論) 수학(水學), 산수학(山水學) 산수론(山水論) 개념이 다양하게 분화되었 다. 수도 지역이거나 수도가 될 뻔했던 지역들인 경주(慶州), 개성(開城), 서 울, 신도안, 평양(平壤), 부여(夫餘) 등은 모두 산과 연결되어 있다. 산의 정 복론과 개척론은 신세계를 만들어가는 것인가? 아니면 산과의 조화론과 유지론은 신세계를 만들어내지 못하는가? 신세계 부재론과 산수학, 밥의 부재론(不在論)과 밥의 재론(在論)? 평야 지역의 수도를 인공(人工)의 산과 인공의 강으로 만든다는 것은 무엇인가? 개척과 정복 대상의 자연의 산과 자연의 강을 이용하는 것과 그냥 조화롭게 유지하는 산과 강, 수세(守勢) 이런 생각을 하다 보니 개봉북역에 도착했다.

역 앞에서 8번 시내버스를 타고 출발했다. 이상하게 택시승강장이 보이 지 않아, 버스 노선도를 살펴보았더니 우왕대공원으로 가는 시내버스가 8 번이었다. 이번 하남성 개봉 여행의 특색은 그동안 여행 일정 중 경비가 제일 싸다는 것이다. 시내버스로 왕복하고, 공원 입장료는 없고, 기차에서 먹을 과일을 사는 것이 전부다.

중국에 와서 항상 버스 창밖으로 거리를 둘러보는 것을 좋아하게 되었 다. 개봉서호, 하남대 신교구, 황하수리직업학원, 기와집 형식의 버스정류

우왕대공원

고취대

장, 대송무협성 안내판, 포
청천 가로등, 한국옷 패션
관 한글이 보였다.

　우왕대공원까지 거의 1
시간이 걸렸다. 버스 종점
과 가까운 곳이다. 중국에
서 입장료가 없는 유적지
는 볼 것이 별로 없는 편이
다. 우왕대공원이 너무 넓어 헤매다가 고취대를 봐서 반가웠다. 사광 관련
팻말이 없어 실망하다가, 정원에 작게 있는 것을 발견하게 되어 안도감이
들었다. 강소성(江蘇省) 소주(蘇州)에 있는 중국의 10대 명의 관련 엽천사(葉
天士) 유적지를 찾아 헤맸을 때 팻말이 하나도 없었던 것에 비하면, 그나마
사광 유적지는 다행이었다. 그리고 한 작은 전각 안에 사광 관련 팻말이

수운 최제우가 만난 그 외의 특별한 인물들

사광 조소상

또 하나 있었다.

사광을 찾아왔다가 발견한 72신위

한 전각에는 72신위가 소개되어 있어서 놀라울 뿐이다. 맥내내(麥奶奶) 순천성모(順天聖母) 안광노모(眼光老母) 영산노모(靈山老母) 삼노내(三老奶) 대노내(大老奶) 이노내(二老奶) 태산노내(泰山老奶) 송자노내(送子老奶) 보자노내(保子老奶) 지모(地母) 섬전신(閃電神) 우신(雨神) 송자보살(送子菩薩) 탁탑천왕(托塔天王) 왕모낭랑(王母娘娘) 옥황대제(玉皇大帝) 태상노군(太上老君) 태백금성(太白金星) 이랑신(二郎神) 풍신(風神) 뢰공(雷公) 무도(武道) 우왕야(牛王爺), 약왕야(药王爺) 대왕(岱王) 재신(財神) 해룡왕(海龍王) 성황야(城隍爺) 마왕야(馬王爺) 토지야(土地爺) 왕령관(王靈官) 조공명(趙公明) 염라왕(閻羅王)

남정로야(南頂老爺) 관야(關爺) 화신(火神) 복성(福星) 록성(禄星) 수성(壽星) 직우천왕(職雨天王) 직풍천왕(職風天王) 일광보살(日光菩薩) 미륵불(彌勒佛) 약사불(藥師佛) 아미타불(阿彌陀佛) 지장보살(地藏菩薩) 월광(月光) 우왕 장천사(張天師) 문왕제군(文王帝君) 문수보살(文殊菩薩) 관음보살(觀音菩薩) 공성인(孔聖人) 강태공(姜太公) 주문왕(周文王) 반고(盤古) 등이다. 72명의 신위 이름과 명명화 작업이 더 놀랍다.

우왕전에는 화상석으로 치수도(治水圖)와 경공도(慶功圖)도 새겨져 있었다. 그리고 다른 전각에는 삼현사(三賢祠)가 있었는데, 두보(杜甫)와 이백(李白), 고적(高適), 세 명의 시인을 같이 모셔놓은 것이다.

72신위도

수운 최제우가 만난 그 외의 특별한 인물들

대부호 석숭

목적지 광동성 동완시 석숭공원

경로   하북성 석가장 하북과기대학 → 석가장역에서 기차로 강서성 남창서역 이동 → 택시로 남
      창역 이동 → 기차로 동완동역 이동 → 택시로 석숭공원 이동 및 관람 → 택시로 동완동역
      이동 → 기차로 석가장북역 이동 → 귀가

일시   2018년 2월 15일~2월 17일(무박 3일)

28시간 기차 여행의 시작

수운의 중국 주유기 중 신화편을 수정하고, 논문을 출력하고, 여행짐을
쌌다. 플러스 마이너스 제로, 항상 무로 만들고, 항상 제로로 만들고, 다시
무에서 출발하는 상황들. 석가장역 구내에서 기차를 기다리며 논문을 읽
었다. 이해조의 정탐소설에 대한 논문, 자살 관련 논문, 탈북자 관련 소설
의 논문이다.

석가장역에서 남창서역을 향해 출발, 조금 남쪽인 한단(邯鄲)으로 내려
오면서 눈이 조금 왔다. 대륙의 느낌을 체험해보는 것은 행복하다고 볼 수
있으며, 내가 행복하니까, 모두를 수용해야 한다는 생각이 들었다.

하북에서 하남으로 내려오며 백색 대지는 녹색 대지로 바뀌었다가 다시
백색이 되었다. 요즘 관심을 갖고 있는『당시 삼백수』와『시경』, 대단하다
는 생각이 들었다. 백색 대지, 녹색 대지, 녹백색 대지들을 번갈아 마음으
로 체험하며, 남창서역 도착. 여름에 봤던 남창서역 내 철로변 벽에 그려
진 벽화들을 다시 사진을 찍었다.

남창 지역에는 보슬비가 조금 내렸다. 남창서역에서 택시를 타고 남창역까지 간 다음, 기차를 갈아타고 동완동역으로 다시 출발. 남창역에서 동완동역까지는 12시간 동안 정차하는 역 없이 직행하는 운행 시스템이다. 모든 승객이 남창역에서 타서 동완동역까지 같이 가는 긴 여행이었다.

창밖에 보이는 풍경에는 유채꽃, 빨간 꽃, 보라색 꽃들이 핀 나무들이 스쳐가고, 남쪽 지역이라서 그런지 푸르른 바나나나무들이 많았다. 아침이 되자 갑자기 기차가 서더니 오랫동안 출발하지 않았다. 불안이 엄습해 왔다. 지난여름 강서성(江西省) 구강(九江)에서 안휘성(安徽省) 상구남역 근처까지 왔다가 8시간을 정차했다가, 다시 거꾸로 구강역으로 갔던 때처럼 불안해졌다. 다행히 기차는 다시 움직이고 갑자기 종착지인 동완동역에 도착했다. 예정 시간보다 한 시간 빨리 도착했다.

중국의 남부 지역인 광동성은 하북성 석가장과 달리 봄이었고 춘색이 만연했다. 중국 여행 중 한 묘미는 다양한 날씨를 맛볼 수 있다는 점이다. 바나나나무와 소철이 가로수인 곳, 엽자화(葉子花)라는 분홍색 꽃들이 거리에 만발했다. 광동성을 여행하는 것은 작년 혜주의 라부산과 서호 동파 기념관 여행에 이어 이번이 두 번째이다.

택시로 동완동역을 출발, 가다가 중국인 아줌마가 합승했다. 석숭공원까지의 택시비는 115원이었다.

석숭 없는 석숭공원

석숭[3]은 서진 때 사람으로, 진무제의 외삼촌 왕개(王愷)와 함께 2대 대부

---

3   石崇 百科名片(249~300) : 西晋文学家. 字季伦. 著名的美男子, 他的父亲石苞本来祖上无名, 因石苞相貌非凡后官至司空. 石崇是石苞之子容貌更是惊艳. 祖籍渤海南皮, 生于青州, 小名齐奴. 元康初年, 出任南中郎将, 荆州刺史. 在荆州"劫远使商客, 致富不赀.

수운 최제우가 만난 그 외의 특별한 인물들

호였다. 원래 형주자사를 지낼 때 백성의 피
와 땀을 착취하여 돈과 재물, 보석이 부족함
이 없었다. 어느 날 왕개는 왕의 권력을 믿고
석숭과 부를 견주어보나 결국 지고 만다. 후
에 둘은 이상하게 의기투합되어 각자 손님을
초대하며 자신들의 호화로움을 과시했다. 이
는 서진 통치자들이 그칠 줄 모르는 탐욕과
방탕하고 부패한 모습을 대표하고 통치집단

석숭

내부의 권력 쟁취와 이익 투쟁의 격렬함을 암시한다.[4]

　그 석숭을 찾아온 석숭공원. 그런데 도착해보니 석숭공원은 석숭과 전
혀 상관없는 곳이었다. 그저 2음절 석숭이란 단어만 같을 뿐. 28시간 기차
를 타고 와서 맛본 것은 허무의 끝이었다. 석숭공원 근처 마트에서 음료수

석숭과는 상관없는 광동성 석숭공원

4　중국사학회,『중국역사박물관 4』, 김영매 역, 범우사, 2004, 16~17쪽.

하나를 사며, 주인 아줌마에게 물어보니, '석숭공업원'에서 이름을 따온 공원이라고 한다. 내가 석숭 초상화 사진을 보여주니 고개를 젓는다. 석숭 공원이라 쓰여 있는 돌 한 개라도 보려고 갔는데, 너무 아쉽고 너무나 기가 막혔다.

동완역으로 복귀하기 위해 큰길가로 나와 택시를 기다리는데, 전혀 택시가 다니질 않았다. 30분이 지나도 큰 도로에 아무 택시도 다니질 않아서 택시가 안 올까 좀 걱정이 되었다. 오토바이 한 대가 지나가다가 탈 거냐고 물었고, 다음은 일종의 불법 택시인 헤이처[黑車] 아저씨가 바이두 검색표를 보여주었다. 불안하지만 이 차를 결국 89원을 내고 이용했다.

동학 텍스트 인물 탐방의 마무리

수첩에 이번 여행에 메모한 것과 석숭공원 근처 슈퍼마켓 아줌마와 나눈 필담이 적혀 있었는데, 그 외 4년간 중국에서의 여행지 메모가 모두 없어져버렸다. 택시 안에서 잃어버렸는가? 동완동역 앞 식당에서 잃어버렸는가? 동완동역 역사 안에서 잃어버렸는가? 전혀 기억이 나지 않는다.

살아생전 엄청난 부를 누린 석숭이지만, 지금은 중국의 드넓은 대지에 석숭에 관한 아무 유적지도 존재하지 않는다. 2015년부터 2018년까지 4년간의 여행 메모를 모두 잃어버린 기록의 분실, 그러나 분명 우주적 풍경은 수확했다는 생각이 들었다. 허무의 끝, 허탕의 끝, 분실과 망각의 끝에서, 나만의 우주, 내가 느낀 우주적 풍경 수확은 풍부했다. 실체가 아닌 영체로써, 실물이 아닌 영지(靈知)로써.

2016년 여름, 스스로 기획한 동학 텍스트의 중국 인물 탐방 여행 첫 번째로, 석가장시 근교 형대시 내구현 편작묘를 찾아 깜짝 놀란 바 있는데, 2018년 겨울 광동성 동완시까지 장거리 여행 끝에 허무하게 끝난, '수운의

수운 최제우가 만난 그 외의 특별한 인물들

영지적 중국 주유기' 여정이었다. 어쨌든 『동경대전』과 『용담유사(龍潭遺詞)』에 나오는 중국 인물은 모두 답사한 셈이 되었다.

2015년   삼황(천황씨, 지황씨, 인황씨), 복희

2016년   편작, 요, 순, 제갈량, 기자, 노자(「의암성사법설」에 나옴)

2017년   소동파, 황제, 신농, 강태공, 한무제

2018년   진시황, 주문왕(「해월신사법설」에 나옴), 전욱, 자공, 왕희지, 공자, 맹자, 도연명, 소호, 주돈이, 사광, 치우(「의암성사법설」에 나옴), 두목지

2019년   이백

수운은 정신적으로 중국을 주유했지만 내가 직접 돌아다닌 발의 주유천하는 이렇게 4년을 끝으로 유종의 미를 장식할 수 있었다. 우주에 감사하고 모두에게 감사드릴 뿐이다.

이제 3월부터는 『춘향전』에 나오는 중국 인물의 탐방을 시작할 것이다.

어질다 모든 벗은 우매愚昧한 이 내 사람 잊지 말고 생각하소
성경현전聖經賢傳 살폈으니 연원도통淵源道統 알지마는
사장사장師丈師丈 서로 전傳해 받는 것이 연원淵源이오
그중中에 가장 높아 신통육예身通六藝 도통道通일세
공부자孔夫子 어진 도덕道德 일관一貫으로 이름해도
삼천제자三千弟子 그 가운데 신통육예身通六藝 몇몇인고
칠십이인七十二人 도통道通해서 (중략)
어질다 이 내 벗은 자고급금自古及今 본본本을 받아
순리순수順理順數 하였어라

『용담유사』 중 「도수사」에서